직장
노예

직장 노예

초 판 1쇄 2023년 08월 02일
초 판 2쇄 2023년 10월 11일

지은이 김형준
펴낸이 류종렬

펴낸곳 미다스북스
본부장 임종익
편집장 이다경
책임진행 김가영, 신은서, 박유진, 윤가희, 윤서영, 이예나

등록 2001년 3월 21일 제2001-000040호
주소 서울시 마포구 양화로 133 서교타워 711호
전화 02) 322-7802~3
팩스 02) 6007-1845
블로그 http://blog.naver.com/midasbooks
전자주소 midasbooks@hanmail.net
페이스북 https://www.facebook.com/midasbooks425
인스타그램 https://www.instagram/midasbooks

ISBN 979-11-6910-295-7 03190

값 17,500원

마흔 여덟, 열 번째 퇴사를 준비하다

직장 노예

김형준 지음

미다스북스

추천사 1

고등학교에 다닐 때, 처음으로 "취업하기 힘들다"는 말을 들었던 것 같습니다. 대학을 졸업하고 사회 생활을 시작할 무렵 IMF 사태가 일어났지요. '학교를 졸업한 후 취업한다'는 당연한(?) 수순이 비틀어지기 시작했습니다. 수많은 젊은 실업자가 생겨났고, 이는 국가 차원의 문제가 되기에 이르렀습니다.

생계를 유지하기 위해서, 그리고 자신의 능력을 발휘하기 위해서 취업은 반드시 해내야만 하는 관문 같은 것이었습니다. 대학에 들어가지 못하면 '실패자'가 되고, 회사에 들어가지 못하면 '실패자'가 되었습니다. 마치 온 사회가 실패자 투성이인 것처럼 느껴질 정도였지요. 최선을 다해 공부하고 노력한 이 땅의 젊은이들은 좁은 문을 통과하지 못했다는 이유로 앞길이 구만리임에도 불구하고 고개를 떨구어야만 했습니다.

그렇다면, 취업에 성공한 사람들은 어떠할까요? 그들은 자신이 바라는 대로 꿈과 목표를 향해 나아가면서 나름 행복한 삶을 살아가는 걸까요? 적어도 제 주변 사람들을 보면 전혀 그렇지 않은 것 같았습니다. 과거 10년간 회사 생활을 했던 저 자신도 마찬가지고요. 남들 보기에는 가슴에 회사 뱃지 달고 근사하게 출근하는 것 같았겠지만, 정작 저는 꼭두새벽부터 밤 늦게까지 주말도 없이 일에만 시달려야 했습니다. 간절하게 취업을 원하다가 간절하게 퇴사를 원하는 존재가 되고 말았습니다.

저자는 '주인'을 강조합니다. 삶을 이끄는 주체는 '자신'이어야 하며, 그에 따른 모든 책임을 스스로 감수할 용기와 기백을 갖도록 단련하라 역설합니다. 무려 아홉 번의 이직을 통해, 주어진 업무에 최선을 다하며 살아온 경험을 바탕으로, 사회 생활을 시작하려는 젊은이들에게 인생과 업을 주도하는 방법을 소개합니다.

자신의 현재 모습을 정확히 '인식'해야 하고, 과감한 결단과 용기로 '행동'해야 하며, 어떤 일이 있어도 멈추지 않고 '지속'해야만 비로소 삶의 주인이 될 수 있다 말합니다. 인식과 행동, 그리고 지속은 저자 본인의 인생 요약이기도 합니다. 직장 생활에만 묶여 자신을 잃고 살았던 시간을 '인식'했고, 독서와 글쓰기 등을 통해 새로운 삶을 '시작'했으며, 지금까지 멈추지 않고 '지속'한 덕분에 자기 계발 분야에서 탄탄하게 자리매김할 수 있었던 거지요.

경험은 최고의 배움이라 했습니다. 저자의 소중한 경험담을 책으로 엮어 세상과 나누게 되었습니다. 이 책을 통해 많은 젊은이들이 인생과 업에 대한 철학과 가치관을 바로 세울 수 있는 계기가 되길 소망합니다. 아울러, 삶의 무게에 지쳐 고된 하루를 살아가는 이 땅의 모든 '직장인'들에게 위로와 응원의 메시지가 되기를 바라 봅니다.

직장이 인생 한 부분에 있어 안전한 울타리가 될 수 있다는 사실에는 반론의 여지가 없습니다. 다만, 그것이 달리 방법이 없어 어쩔 수 없이 선택하는 대안이어서는 곤란하겠지요. 이 책을 통해 '업'을 선택하는 자신만의 기준을 세우고, 삶의 주인으로 살아갈 수 있는 주체적인 마인드를 키울 수 있으리라 확신합니다. 이제는 사슬을 끊어내야 할 때입니다.

자이언트 북 컨설팅 대표 이은대

추천사 2

좋아하는 일을 하면서 살라고 합니다. 잘하는 일을 하면서 살라고 하죠. 그런데 문제입니다. 우리는 도대체 나 자신이 무엇을 좋아하는지, 무엇을 잘하는지 모르는 채 살고 있으니까요. 김형준 작가는 이 책을 통해 바로 그 지점을 건드립니다. 평범한 사람이 좋아하는 일과 잘하는 일을 찾아가는 여정을 말이죠.

그는 건설회사만 18년째 다닌 평범한 직장인입니다. 너무 오랫동안 회사의 노예로 살아서 이제는 주인의 삶을 살아보고 싶었다고 하죠. 그가 택한 방법은 '읽고 쓰기'입니다. 그는 3년에 1천 권의 책을 읽습니다. 그리고 매일 씁니다. 그 과정에서 현실을 인식하게 되고 자신이 어떤 사람인지를 알게 되고 자신이 처한 문제의 해결책까지 찾게 됩니다. 읽고 쓰기를 통해 시간 관리도 잘 하게 되고 매일의 배움을 통해 조금씩 성장하게 됩니다.

누구나 읽고 쓴다고 해서 갑자기 멋진 삶을 살게 되지는 않을 겁니다. 여기에는 한 가지 필수적인 조건이 필요하죠. 그건 바로 '꾸준함'입니다. 제가 지켜본 김형준 작가는 무서울 정도로 꾸준히 하는 사람입니다. 오랫동안 매일 읽고 쓴 그 무서운 꾸준함 덕분에 그는 책도 내고 강연도 하고 모임도 운영하게 되었습니다. 언제 어디서든 꾸준함의 힘은 정말 놀랍습니다.

올해 마흔여덟인 그는 마침내 자신이 좋아하는 일로 일상을 채우고 있노라고 말합니다. 이보다 멋진 삶이 또 있을까요? 여러분도 이 책을 통해 하고 싶은 일을 행복해질 때까지 하는 방법을 배워 보시기 바랍니다.

다꿈스쿨 대표,

『나는 오늘도 경제적 자유를 꿈꾼다』 저자 청울림(유대열)

프롤로그

시키는 일만 해오던 내가 생각하기 시작했다

4개월 동안 끌어온 분쟁이 마무리되는 날이었다. 중재위원은 양쪽 의견을 충분히 검토했다며 중재안을 내놓았다. 당연히 양쪽 다 만족하지 못했다. 하지만 더 끌 수 없었다. 중재위원은 대리인인 나에게 의사를 물었다. 나는 권한이 없다고 말했다. 권한도 없으면 왜 나왔냐고 되묻는다. 할 말을 잃었고 등에 식은땀이 났다. 상대방은 중재안을 받아들였다. 중재위원은 말없이 나만 바라봤다. 들릴 듯 말 듯 대답했고 분쟁은 마무리되었다.

유난히 감자를 잘 캐는 노예가 있었다. 무리 중에서 탁월해 주인도 눈여겨봤다. 하루는 그를 불러 캐놓은 감자를 크기별로 분류해 놓으라고 지시한 뒤 외출했다. 외출에서 돌아온 주인은 감자 더미 앞에 멍하니 서 있는 노예를 봤다. 왜 아무것도 하지 않았냐고 묻자, "어느 게 큰 건지 잘 모르겠습니다." 시키는 일만 해온 노예는 생각할 필요 없었다. 직장 노예인 나는 시키는 일만 잘해도 월급을 받았다. 판단은 내 몫이 아니었다. 결정권을 위임받은 대리인의 역할이 낯설었던 것도 그래서였다. 그동안 스스로 생각하고 판단해본 적 없었기 때문이다.

아홉 번 이직하는 동안 직장만 옮겨 다녔다. 나를 평생 책임져주지 않는 직장을 말이다. 은퇴 후 직업을 바꾸는 건 또 다른 문제였다. 자영업, 사업가, 전문직 등 선택지가 있다. 냉정하게 판단해봤지만, 나와는 어울리지 않았다. 6년 전 책을 읽기 시작하면서, 이 문제를 다르게 접근하기 시작했다. 고대 철학에서 힌트를 얻었다. 문제를 해결하는 방법으로 '인식-행동-지속'의 3단계를 제시한다. 1단계 인식은 자신이 처한 상황을 받아들이고 판단한 뒤 무엇을 하고 싶은지 탐구하는 과정이다. 2단계는 탐구를 통해 선택한 것들을 시도하는 단계이다. 전문 지식을 공부하고 새로운 기술을 익히고 창업을 준비하는 과정이라고 할 수 있다. 마지막 3단계는 행동 단계의 활동을 지속하는 것이다. 지속은 성공이든 실패든 원하는 결과가 얻어질 때까지이다.

이 책은 크게 세 부분으로 나뉜다. 먼저 1부 '인식'에서는 지난 시간 동안 어떤 삶을 살았고, 이를 통해 내가 바라는 게 무엇인지 알아가는 과정을 담았다. 2부 '행동'에서는 인식을 바탕으로 직장을 다니며 하고 싶은 걸 어떤 방법으로 해왔고, 이때 필요한 게 무엇인지 설명한다. 마지막 3부 '지속'에서는 일상의 반복을 통해 어떻게 지속할 수 있고 어떤 성과를 냈는지 다룬다.

직장을 다니는 지금도 여전히 노예이다. 언젠가는 노예에서 벗어나야 한다. 직장인에게만 해당하는 건 아니다. 누구나 나이가 차면 지금 자리에서 물러나야 하는 변곡점이 찾아온다. 어쩌면 그때 또 다른 형태의 노예가 될 수도 있다. 그러나 우리는 선택할 수 있다. 한 번쯤은 자기 삶의 주인으로 살아야 하지 않을까? 지금 당장 주인이 되지 않아도 된다. 나는 6년 전부터 직장을 다니면서 다양한 딴짓을 해오고 있다. 여전히 책 읽고 매일 글을 쓰는 중이고, 온라인 쇼핑몰도 만들어 봤고, 독서를 주제로 강연도 해봤고, 말을 주제로 유튜브 라이브 방송에 출연했고, 직업을 소개하는 온라인 플랫폼 멘토로도 활동했었다. 또 읽고 쓰기를 주제로 소모임을 만들어 운영 중이다. 이런 활동이 어느 날 갑자기 시작된 건 아니다. 이제까지 하나씩 배우고 시도하고 지속하면서 가능해졌다. 덕분에 지금은 노예이면서 한편으로 내 삶의 주인으로 살고 있다.

하고 싶은 걸 찾고 시도하고 하나씩 성과를 내는 과정도 결국 지루한 반복이다. 직장도 늘 비슷한 일의 반복이었다. 주인이 시키는 일만 하는 노예처럼. 그러한 반복을 얼마나 잘 견뎌내고 의미를 찾아내느냐에 따라 보람도 느끼고 성취감도 맛볼 수 있었다. 마찬가지로 매일 읽고 쓴 꾸준함 덕분에 책도 내고, 강연도 하고, 모임도 운영할 수 있게 되었다. 여전히 직장을 다니면서 말이다. 누구나 두 번째 삶은 주인으로 살고 싶어 한다. 그래서 더 고민하고 준비하고 의지를 다진다. 완벽하게 시작하고 싶지만, 일부만 해당한다. 대신 지금 할 수 있는 것부터 시작하길 권한다. 나처럼 매일 책을 읽고 글을 쓰거나, 창업에 필요한 준비를 하거나, 투자 공부를 할 수도, 새로운 특기나 기술을 배우는 것일 수도 있다. 하고 싶은 것, 좋아하는 걸 매일 조금씩 시도해 보는 것이다. 당연히 성과가 바로 나지 않는다. 대신 미래에 대한 불안은 조금씩 지울 수 있다. 바위를 뚫는 건 멈추지 않고 떨어지는 물방울이다.

우리는 이제까지 감자 캐는 요령을 익혔다. 감자 캐기만큼은 내로라

할 만큼의 실력을 쌓았다. 이제는 스스로 감자를 키워야 할 때다. 내 텃밭에서 내가 원하는 품종의 씨를 뿌리고 수확하기까지 스스로 해보는 거다. 한 번에 풍작을 기대할 수는 없다. 실패를 거듭할수록 감자밭은 풍성해질 것이다. 씨알이 굵고 상품성 좋은 감자가 많아질수록 삶도 풍요로워질 테다. 직장 노예에서 벗어나는 시작은 내 텃밭을 가꾸면서부터다. 어디에 얼마만 한 크기의 텃밭을 갖든 오롯이 스스로 시작해 보자. 시작하는 지금은 큰 수확은 없어도 밭을 가꾸는 재미를 알아가는 것만으로도 다가올 인생이 기대되지 않겠는가? 이 책을 통해 저마다의 텃밭을 키우며 직장 노예가 아닌 자기 삶의 주인으로 살아가길 바라본다.

차례

1부

인식 : 내 안의 불안을 탐색하다

용기 용기는 불안을 이긴다

준비 준비운동이 부상을 예방한다

행동 : 생각이 아닌 행동이 삶을 바꾼다

1부

인식

내 안의 불안을 탐색하다

인식

1. 사물을 분별하고 판단하여 앎. 인식이 높다.

2. 자극을 받아들이고, 저장하고, 인출하는 일련의 정신 과정.

모든 깨달음은 인식에서 출발한다. 잘못을 뉘우치는 것도 무엇을 잘못했는지 아는 것부터이다. 더 나은 삶을 살 수 있는 것도 마찬가지이다. 지금 내게 어떤 게 필요한지, 무엇을 하고 싶은지 아는 것부터이다. 알면 무엇을 해야 할지 생각하게 된다. 스스로 생각하게 되면서 조금씩 과거에서 벗어나게 된다.

용기

용기는 불안을 이긴다

겁이 많았다. 해본 적 없어서 두려움부터 느꼈다. 두려워서 시도할 수 없었다. 책 읽기를 시도했다. 책 읽는 건 용기가 필요하지 않았다. 첫 장을 열었고 마지막 장을 덮으니, 성취감이 생겼다. 아주 작은 시도에서 자신감을 얻었다. 자신감은 다른 시도를 가능케 했다. 그리고 깨달았다. 용기 있는 사람이 시도하는 게 아니라, 시도하는 사람에게 용기가 생긴다는 것을.

"당신이 할 수 있거나 할 수 있다고 꿈꾸는

그 모든 일을 시작하라.

새로운 일을 시작하는 용기 속에

당신의 천재성과 능력, 그리고

기적이 모두 숨어 있다."

요한 볼프강 폰 괴테

Johann Wolfgang von Goethe

여덟 번의 퇴사,
아홉 번의 입사

2005년 12월 30일 밤 9시, 퇴근 후 다시 돌아간 사무실은 난장판이었다. 사무실에서 살았던 사장은 자신의 차에 운전석만 남겨두고 살림과 고가 인쇄 장비를 옮겨 싣고 있었다. 나를 보더니 설명도 없이 명령하듯 필요한 걸 챙겨 가라고 말했다. 나도 묻지 않고 우선 실었다. 출퇴근했던 나는 업무용 컴퓨터 한 대가 전부였다. 정리가 끝나고 가만히 서 있는 나를 보고도 사장은 아무 말 없었다. 필요한 만큼 옮겨 실었는지 주차장으로 내려갔다. 차에 올라타는 동안에도 사장은 설명하지 않았다. 시동을 켜고 창문을 내리더니 다시 보자는 말만 남기고 출발했다. 그렇게 4년 반을 몸담은 첫 직장을 잃었다. 스물아홉 살이었다.

백수로 새해를 맞았다. 며칠 뒤 십년지기 대학 친구에게 연락이 왔다. 지나가는 말로 직장을 잃었다고 했다. 이틀 뒤 연락이 왔고, 원한다면 면접을 볼 수 있게 자리를 마련해 주겠다고 했다. 망설임 없이 대답했다. 임시직이지만 두 번째 직장을 얻었다. 운이 좋았다. 중견기업이었고 같은 사무실 선임은 나를 배려해줬다. 근무하는 동안 학교에 다녔고 결혼까지 했다. 3년 차 고비는 넘겼지만 5년 차를 견디지 못하고 도망치듯 퇴사했다.

다음 직장은 급하게 구하다 보니 조건에 나를 맞췄다. 근무지는 여주, 주말부부에 급여도 낮았다. 조급했던 나는 칼자루 대신 칼날을 잡았다. 칼자루를 쥐면 휘두를 수 있지만, 칼날을 잡으면 다치기 전에 놓아야 한다. 그렇게 6개월 만에 또 그만두었다. 한 번 놓친 칼자루는 다시 잡는 게 쉽지 않았다. 조건을 낮추고 낮춰 겨우 출퇴근이 가능한 직장을 구했다. 사업 경력도 짧고 규모가 작아서 하는 일이 많지 않았다. 일 욕심만 없으면 가늘고 길게 다닐 수 있었다. 직장인 퇴사 이유 1위는 상사와의 갈등이다. 새로 온 임원과 갈등이 생기면서 같은 이유로 그만두었다. 1년 사이 직장을 두 번이나 옮겼다. 일자리도 안 구하고 백수가 되었다.

매일 도서관으로 출근한 지 두 달 만에 다섯 번째 직장을 구했다. 순전히 운으로 대기업에 입사했다. 서른일곱, 나이 많은 대리였지만 잘하고 싶었다. 업무량이 많았지만, 야근도 주말도 기꺼이 감수했다. 두 달 만에 5킬로그램이 빠졌다. 몸이 힘든 건 참을 수 있었지만, 팀장과 부딪힘은 견딜 수 없었다. 인수인계를 받았지만 모든 걸 알 수는 없는 노릇이었다. 팀장은 조금의 여지도 없었다. 오롯이 나 혼자 감당하라고 했다. 나는 감당하지 못하고 뛰쳐나갔다. 다시 실직자가 되었다. 대책도 없었다.

찾아갈 사람도 없어서 채용 사이트에 의지한 채 석 달을 놀았다. 같은 대학 선배라고 자신을 소개한 뒤 이력서를 봤다며 연락해 왔다. 입김이 작용했는지 모르겠지만 여섯 번째 직장을 얻었다. 출퇴근이 가능한 현장이었다. 근무한 지 열 달 만에 월급이 안 나왔다. 두 달을 더 기다렸지만, 다음 달을 기약할 수 없었다. 그만두기 전 다음 직장을 알아봤다. 다 사용한 줄 알았던 운이 또 한 번 작용했다. 집에서 10분 거리, 월급 20퍼센트 인상, 마다할 이유가 없었다. 이제야 정착하는구나 싶었다. 하지만 1년짜리 운이었다. 첫해는 월급도 잘 나왔고 일도 재미있어서 상식이 안 통하는 사장 정도는 감당해 보기로 마음먹었다. 상식만 없는 게 아니었다. 회사를 운영해서는 안 되는 사람이었다. 나도 미련했다. 3개월 치를 받기 위해 퇴사 안 하고 버틴 게 14개월로 늘었다. 고소 고발, 경찰서, 노동부, 검찰, 법원을 오가며 악전고투했지만, 반년 치 연봉을 날렸다. 무례한 사장 일가 덕분에 덤으로 기소유예 처분까지 받았다.

물에 빠져 죽을 고비를 넘겨본 사람은 물에 들어가지 않으려고 한다. 몰상식한 대표에게 데이니 직장을 다니고 싶지 않았지만, 가족이 있었다. 또 한 번 간절한 마음을 담아 구직 활동을 이어갔고 그간의 고생을 보상받듯 상장사에 들어갈 수 있었다. 월급 밀릴 걱정은 없었다. 2년 동안 월급 걱정 없이 다녔다. 다만 제조업이 주력인 회사여서 건설업 조직 체계가 자리 잡지 못했다. 부족한 능력 탓에 내 의지대로 업무 체계를 만들지 못했고, 결국 버티지 못하고 아홉 번째 이직을 준비했다.

아홉 번째 회사는 예전 직장 소장님이 먼저 근무하고 있었고, 추천받아 입사할 수 있었다. 어느새 마흔셋, 두 딸의 아버지였다. 당장 일할 수 있는 직장보다 직장을 그만두었을 때를 걱정해야 했다. 그래서 시작했다. 직장을 다니며 책을 읽었고 글을 썼다. 책에서 배운 다양한 부업을 시도해봤고 결국 책 쓰고 강의하는 작가를 열 번째 직업이자 직장으로 선택했다. 매일 읽고 쓴 지 6년째다. 여전히 같은 직장을 다니고 있고 읽고 쓴 덕분에 몇 권의 책도 냈다. 강연도 몇 번 했고 부업으로 재능기부 플랫폼에서 얼마 안 되는 수입도 있다. 이제껏 아홉 군데 직장을 옮겨 다니고서야 내가 정말 하고 싶은 일을 찾았다. 재능이 있어서 작가를 선택한 건 아니다. 직장을 그만두고 나이 들어서도 할 수 있는 일을 탐색한 끝에 닿은 직업이다. 직장 말고 직업을 선택한 덕분에 은퇴 앞에 당당해질 수 있었다. 지금도 직장을 다니며 홀로 설 준비를 하고 있다.

"변화의 시작은 있는 그대로 받아들이는 것이다. 변화는 인간과 세상이 다양하다는 것을 인정하는 것으로부터 시작한다." 구본형 작가의 말이다. 각자의 생김새가 다르듯 살아가는 모습도 제각각이다. 나와 다른 삶을 사는 이들을 통해 나를 돌아보고 할 줄 아는 것과 그렇지 못한 부분을 이해하게 된다. 단점은 단점대로, 장점은 장점대로. 지금의 나를 있는 그대로 인정하는 게 다른 모습을 발견할 수 있는 출발점이 될 수 있을 것이다.

나에 대해
얼마나 알고 있나?

좋아하는 일을 직업으로 갖는 사람은 흔하지 않다. 이나모리 가즈오 회장의 『나는 왜 일하는가?』 중 직장인의 5퍼센트만이 자신이 좋아하는 일을 하고 있고, 나머지 95퍼센트는 좋아하지 않지만 일하면서 잘하게 되고 잘하면서 차츰 좋아지게 된다고 적었다. 우리는 학교에서 직업에 관해 탐구한다. 하지만 진학에 목적을 둔 주입식 교육은 올바른 탐구로 이어지지 못했다. 직업에 필요한 역량을 개발하기보다 입시에 최적화된 자신으로 만드는 과정이었다. 나도 그랬고, 여태 그렇게 살아왔다. 내가 궁금해졌다.

고등학교 3년은 인생의 황금기였다. 고등학교 성적은 중간을 유지했다. 더 하고 싶지도, 손을 놓고 싶지도 않았다. 그저 하루하루에 충실했다. 건축을 배우는 과정은 흥미로웠다. 얕은 지식이지만 전문성을 키우는 게 재미있었다. 학교에서 배우는 공부도 중요했지만, 친구 사이에서 배우는 삶의 공부가 더 흥미로웠다. 수업이 끝나면 당구장에 모인다. 용돈 받는 족족 당구장에 바쳤다. 고등학교 3년 동안 당구장에 갖다 준 돈만 모아도 차 한 대는 사겠다는 농담을 했을 정도다. 당구장에서 기운을 빼고 나면 허기를 달래기 위해 아래층 중국집으로 향했다. 자장면 한 그릇에 원기를 회복했다. 가끔 교복을 벗고 근처 호프집에서 맥주 한잔으로 일탈도 해봤다. 함께할 수 있는 친구들이 있다는 게 행복한 때였다. 고3이 되면서 현실과 마주했다. 고3 2학기부터 취업을 나갈 수 있다. 이때 결정을 해야 했다. 대학에 갈 건지, 취업할 건지. 나는 진학을 결정했다. 진학을 결정한 이유는 배움에 뜻이 있어서는 아니었다. 설익은 채 취업을 나가는 것 같아 불안했다. 조금만 더 학생 신분을 즐기고 싶었다. 친구들이 취업을 나가는 동안 학원과 독서실을 오가며 대입 시험을 준비했다. 시험이 가까울수록 불안은 커졌다. 괜한 짓 하는 게 아닐지 걱정됐다. 확신보다 운에 맡기기로 했다. 운이 통했다.

대학 때도 고등학교 때와 다르지 않았다. 장소와 신분만 바뀌었을 뿐 하고 다니는 건 똑같았다. 대학생이 되면 많이 놀아야 한다는 선배들의 어쭙잖은 충고를 충실히 따랐다. 신분을 망각할 정도로 망가지지는 않았다. 철저히 8:2 법칙을 지켰다. 8시간 놀면 2시간은 공부했다. 진로에 대한 진지한 고민은 없었다. 그 전에 넘어야 할 산이 있었다. 1년을 맘껏 놀고 군대에 갔다. 입대도 내 의지였고 자대 배치도 어느 정도 내 의지가 반영되었다. 인맥이 있었던 건 아니다. 순간의 선택이 자대 생활을 결정지었다. 특기가 없는 이들은 보충대로 모여 6주간 지낼 훈련소를 배정받는다. 훈련이 끝나면 일부는 특기병 교육을 추가로 받지만, 대부분은 보병 보직으로 자대 배치 받는다. 보충대 입소 다음 날 밤 갑작스레 호출을 받았다. 강당엔 어리둥절한 표정의 동기 수십 명이 모여 있었다. 앞에 나온 조교는 스무고개 하듯 전공과 관련된 질문을 던졌고 해당하지 않는 사람은 다시 돌아갔다. 질문 하나에 멈칫했지만 눈 딱 감고 자리를 지켰다. 그 순간의 선택 덕분인지 전공과 관련된 일을 할 수 있는 자대에 배치 받았다.

쓸데없는 짓을 속된 표현으로 '삽질'이라고 한다. 군 생활 2년을 한마디로 표현하면 삽질의 연속이었다. 내가 한 삽질은 진짜 삽질이었다. 그때 맡은 보직은 벽돌을 쌓고, 회반죽을 이용해 바닥이나 벽을 깔끔하게 마감하는 작업이었다. 이런 작업엔 모래, 시멘트, 물이 필요하고 모래와 시멘트를 나르고 비비는 데 삽이 필요했다. 삽질 덕분에 2년 내내 허리 펼 시간이 없었다. 군대 2년의 경험은 일머리를 배울 기회였다. 덕분이라고 해야 할지 모르지만, 제대 후 사업에 뛰어들기로 마음먹은 데는 군대 경험이 8할은 작용했다. 그러나 4년 반을 이어간 사업도 결국 삽질로 그치고 말았다.

아무런 준비도 없이 시작한 직장 생활이 순탄할 리 없었다. 생소한 전공 탓에 주눅 들어 있었다. 누가 물어도 당당하게 대답하지 못했다. 시키는 일을 하기 전에 단어의 뜻부터 공부해야 했다. 기초 지식이 부족하니 시키는 일도 제대로 못 했다. 열심히는 했지만 겉도는 느낌이었다. 이전까지 일에 대한 진지한 고민이 없었다. 고민의 결이 달랐던 것 같다. 잘하고 못하고를 고민해야 하는 것도 필요하지만 그보다 내가 이 일을 좋아하는지부터 고민해야 했다. 고등학교 진학도 작은형을 동경한 선택이었다. 대학도 별다른 고민 없이 시간을 벌고 싶었다. 제대 후 사업을 시작할 때도 단지 경력 한 줄 채우겠다는 욕심이었다. 그리고 당장 먹고살 걱정 앞에서 일에 대한 고민은 사치였다.

좋아하는 일을 잘하게 되는 것과 하다 보니 좋아지는 것의 차이는 무엇일까? 전자는 목적지를 미리 알고 경로까지 파악한 뒤 길을 나서는 것이다. 후자는 일단 길을 나선 뒤 헷갈릴 때마다 지도를 보고 찾아가는 것이다. 나에게 목적지는 애초에 없었다. 하다 보면, 가다 보면 어딘가 닿을 거란 막연한 기대뿐이었다. 기대라기보다 매일을 살아내는 게 더 큰 이유였다. 일할수록 질문은 늘어갔다. 이 일을 내가 정말 좋아하는 걸까?

고대 철학자는 문제를 해결할 수 있는 3단계를 제시했다. 인식-행동-지속이다. 인식은 지금 상태를 올바로 이해하는 단계이다. 이때 필요한 게 질문이다. 질문을 통해 지금 상태를 숨김없이 들여다봐야 한다. 그래야 문제가 무엇인지 알 수 있고, 문제가 명확하면 답을 찾는 것도 어렵지 않다. 하지만 질문은 어렵다. 방법도 모르고 있는 그대로 마주할 용기도 없다. 그렇다고 회피하고 살 수만은 없다. 로또 당첨 확률은 8,145,060분의 1이다. 불가능한 게 아니다. 시간이 걸릴 뿐이다. 질문도 마찬가지다. 가벼운 물음부터 하나씩 던지면 더 어려운 질문에 닿을 수 있다. 내 삶을 위해, 좋아하는 일을 찾기 위해 이 정도 노력은 해볼 가치가 있지 않을까?

변주가 시작되는 지점

질문하는 방법을 몰랐다. 아니 궁금한 게 없었다. 전공이 다른 직장을 다니면서 모르는 걸 묻거나 책을 통해 다시 배우려는 노력을 안 했다. 일하면서 여기저기 주워듣고 아는 척했다. 끓는 기름에 반죽을 넣으면 속이 빈 채 부풀어 오르는 공갈빵 같았다. 속이 빈 것을 들키지 않으려 더 아는 척했고 더 묻지 않았다. 그러니 일에 애착이 생기지 않았다. 여러 번 이직하면서도 더는 이 일을 하지 않겠다는 마음이 신념처럼 자리했다. 그러니 남들에게 직업이나 직장을 당당하게 말하지 못했다. 내 아이에게도 마찬가지였다. 변화가 필요했다.

내가 생각하기에 세상에는 세 부류의 사람이 있는 것 같다. 모르는 게 무엇인지 알고 배우는 사람, 모르는 게 무엇인지 몰라도 무작정 배우는 사람, 아는 게 없으면서도 배우려고 하지도 않는 사람. 나는 세 번째였다. 모르면 언젠간 알게 되겠지, 몰라도 당장 불편한 게 없으니 넘어가고, 실수해도 누가 지적해주지 않으니 굳이 배울 필요가 없었다. 같은 일을 18년째 해오고 있지만, 남에게 당당하게 말할 수 있는 기술이 없다. 전문 기술이긴 하지만 사람들에겐 낯선 일이다. 궁금해하는 사람도 없고 물어오는 이들에게 당당하게 설명할 용기도 없었다. 내 일에 자긍심을 갖지 못했다. 그러니 직업을 물어오면 그냥 건설업에 종사한다고 말했다. 내 일을 좋아하지도, 배우려고도, 자부심도 갖지 않았다. 그러니 재미없는 일을 더 오래 더 열심히 하고 싶지 않았다. 아무런 노력 없이 정당한 대가를 치르지 않고 무위도식해온 시간이었다. 그래서인지 더 간절히 다른 직업을 갖고 싶었는지 모른다. 딱히 대안도 없이 처한 상황에서 벗어나고만 싶었다.

본업에 흥미가 적어서 탁월하지는 못했지만, 두드러진 재능을 보인 분야도 있었다. 고등학교 졸업 이듬해부터 27년 동안 매년 동창 모임을 주도했다. 일정, 장소 섭외, 회비관리와 당일 진행까지 일인다역을 했다.

이 경험은 직장 내 회식이나 행사 운영에 도움이 되었다. 드러나지 않고 누군가는 해야 하는 일을 기꺼이 내 일처럼 했다. 27년 동안 모임을 운영하고, 보이지 않는 곳에서 내 역할을 함으로써 다른 사람이 만족해했고, 그 모습에서 보상받는 기분이었다. 남들에게는 재능 같지 않은 재능일 수 있다. 이런 능력을 활용해 할 수 있는 일도 분명 있다. 마땅한 직장이 구해지지 않았을 때는 전업해 재능을 살려볼까 생각도 했었다. 하지만 용기가 없었다. 그때까지 해오던 일을 포기할 자신 없었다. 낯선 직업에 바닥부터 시작하는 건 가장에게는 용기 이전에 현실적인 문제였다. 머뭇거리다 시간만 흘렀다. 용기 내지 않은 대가는 아홉 번의 이직이었다. 월급을 받는 일도 제대로 못 하고, 해보고 싶은 일도 용기 내지 못했던 내가 가진 게 무엇인지 알지 못했다.

지루하고 밋밋한 곡 중간 '변주'로 분위기를 반전시킬 수 있다. 반복되던 일상에도 책을 만나면서 변주가 일어났다. 정확히 말하면 질문하는 법을 배우면서부터이다. 책은 계속 나에게 질문을 던졌다. 질문을 마주하기 위해 글을 쓰기 시작했다. 머릿속 답을 글로 표현했다. 답이 바로 나오는 질문도 있고, 한참 만에 답을 찾은 질문도 있고, 여전히 답을 못 찾은 질문도 있다. 옳고 그름의 질문은 바로 답할 수 있었다. 책 읽는 시간을 만들기 위해 남는 시간에 무엇을 해야 할지는 답이 정해져 있다. 하고 싶은 일을 찾는 물음에 답을 찾기까지 2년 정도 걸렸다. 처음 책을 읽기 시작하고 수백 권을 읽은 뒤에야 내가 하고 싶은 게 무엇인지 조금씩 선명해졌다. 그렇게 찾은 답은 지금 이 책을 쓰면서 구체화 되었다. 마지막으로 여전히 답을 찾아가는 질문은 어떤 삶을 살아야 하느냐이다. 하고 싶은 일, 좋아하는 일을 한다고 잘 사는 건 아니다. 오늘의 나는 어제와 나보다 얼마나 달라졌는지, 내일의 나는 어떤 모습으로 살아야 하는지 끊임없이 물어야 한다. 내가 하는 일에 어떤 가치가 있고 누구를 위해 무엇을 줄 수 있는지도 물어야 한다. 한순간에 얻어지는 답이 아니었다. 깨어 있는 동안 멈추지 않고 묻고 답할 때 가고자 하는 방향으로 나아갈 수 있다. 밋밋하던 인생에 질문이 들어오면서 이전과 다른 삶을 살고 있다.

소크라테스는 "자신과 타인에게 질문할 수 있는 능력을 인간이 가진 최고의 탁월함이다."라고 했다. 반대로 질문을 못 하는 사람은 탁월해질 기회가 없다는 의미이기도 하다. 나의 부족함을 채울 방법은 다양하다. 스스로 배우고 익히는 것도 있지만, 질문을 통해 조금 더 빨리 꼭 필요한 부분만 얻기도 한다. 자신이 무엇을 모르는지 아는 방법은 부족함을 인정하는 것이다. 이 말은 안다고 자만하지 말고 모른다고 부끄러워할 이유가 없다는 의미이다. 모르는 걸 알기 위해 묻는 건 당연하다. 아는 걸 다시 물으면 다른 걸 알 수 있는 계기가 된다. 어떤 경우든 얻을 게 있기 마련이다. 자신이 무엇을 좋아하고 잘하는지 모르는 사람이 많다. 나도 그중 한 사람이었다. 하지만 질문하고 답을 찾기 시작하면서 조금씩 자신을 알아가고 있다. 질문하면서 내가 가진 게 무엇인지 알 수 있었다.

"우리는 적어도 ~할 수 있지 않을까?" 하버드 교육대학원 원장 제임스 라이언의 '인생의 답을 찾아주는 5가지 질문' 중 하나이다. 18년 동안 억지로 같은 일을 해온 나도 모임을 운영해 온 재주가 있다. 내 시간과 노력을 통해 주변 사람이 즐겁고 만족감을 느끼는 걸 보며 존재 가치를 느꼈다. "나는 적어도 내 옆 사람을 행복하게 할 수 있지 않을까?" 그동안 질문에 답을 찾아온 과정이 결국, 내가 가진 재능을 통해 주변 사람을 돕는 게 더 가치 있는 일임을 깨달았다. 그래서 지금 이 책을 쓰는 이유이기도 하고, 더 많은 사람을 만나 내 경험을 전하려 한다. 그럴듯해 보이는 재능만이 전부는 아닌 것 같다. 드러나지 않아도 누군가에게 도움을 줄 수 있다면 충분히 가치 있다고 생각한다. 누구나 그런 재능 하나쯤 갖고 있다고 믿는다. 다만 아직 답을 찾지 못했을 뿐이다. 자신에게 던지는 질문을 통해 내가 가진 게 진정 무엇인지 알아가는 시간을 가져보길 바라본다.

기회는 문 뒤에 있다

고등학교 2학년, 학교 공부도 제대로 안 하면서 학원에 다녔다. 공부보다는 친구들과 놀고 싶었다. 양심은 있어서 가끔 수업을 들었다. 학원은 학교 교실보다 넓어서 뒷자리에 앉으면 칠판 글씨가 잘 안 보였다. 그때 처음 안경을 맞췄다. 내 시력에 맞는 도수를 찾는 과정이 생소했다. 특수 안경테에 여러 도수 알을 번갈아 끼면서 잘 보이는 렌즈를 찾았다. 어떤 렌즈를 끼면 주변이 빙빙 돌았고, 또 어떤 렌즈는 잠깐이지만 눈이 아팠다. 네댓 번 바꿔 껴본 뒤 또렷이 보이는 렌즈를 찾았다. 칠판 글씨도 선명하게 보일 것 같았다. 더는 안 보인다는 핑계로 학원을 빠질 수 없다는 의미였다. 어쩌면 안경을 끼면서 공부에 집중할 환경을 만들었다. 다만 공부하길 선택했다면 말이다. 안타깝게도 나는 그러지 않았다.

2017년, 월급 말고는 선명한 게 없는 직장을 2년째 다니고 있었다. 잡무에 가까운 업무는 경계가 흐리멍덩했다. 10년 이상 근속자가 대부분이어서 활기도 떨어졌다. 적대적 인수 · 합병으로부터 회사를 지켜내는 동안 직원의 사기는 바닥을 기었다. 그때 나는 A4 한 장만큼의 공간에 사는 양계장 닭 같았다. 불만만 있을 뿐 벗어날 용기를 내지 않았다. 어쩌면 용기는 의식하지 못하는 순간 찾아오는 것 같다.

12월 31일, 이른 퇴근을 했다. 만날 친구도 없었고, 집에 일찍 들어가고 싶지도 않았다. 별다른 생각 없이 운전하다가 눈에 들어온 전자 제품 대리점에 주차했다. 스마트폰 케이스 하나 살 여유도 없으면서 매장을 둘러봤다. 태블릿이 눈에 들어왔다. 사장님이 했던 말이 떠올랐다. 태블릿 하나 있으면 책을 마음껏 읽을 수 있고, 인생도 달라질 수 있다고 했다. 평소에도 책을 안 보던 내가 불현듯 그 말에 꽂혀 태블릿을 살 결심을 했을까? 지금 생각해도 이해 안 된다. 결국, 아내 허락 없이 할부로 샀다. 언제까지 태블릿이 내 손에 있을지 모르겠지만 일단 한 번 사용해보기로 했다. 그게 시작이었다.

궁금해졌다. 사장님 말처럼 책만 읽으면 인생이 달라질 수 있을까? 우리 몸의 세포는 소화 작용에 에너지를 빼앗기지 않을 때 새로운 세포를 만들어 낸다. 일정 시간 굶음으로써 오래된 세포를 대체할 건강한 세포가 만들어진다는 의미이다. 기대 없이 읽기 시작한 책은 새로운 세포가 만들어지는 것처럼 몸에 활력을 불어넣었다. 직장은 여전했지만 나는 변하고 있었다. 책을 읽는 그 시간만큼은 직장 고민에서 암울한 현실에서 벗어날 수 있었다. 한 권을 읽으면 한 발만큼 떨어져 볼 수 있었다. 운전하는 시간이 아까워 오디오북을 들었다. 지하철을 타고 외근을 나가면 기다렸다는 듯 책을 폈다. 남들보다 한 시간 일찍 출근해 아무도 없는 공간을 찾아 책을 읽었다. 동료들의 눈에 띄지 않는 곳이라면 책을 폈다. 집에서도 마찬가지였다. 저녁을 먹고 나면 책상에 앉아 책을 폈다. 아내의 따가운 눈총을 의식할 틈도 없이 무식하게 읽어나갔다. 6개월 만에 100권을 읽었다. 100권의 책은 흔들리고 있던 나를 서서히 묶고 있었다. 직장에서 존재감을 잃어가던 나를 소중히 대했다. 아내와 평행선을 달리는 관계에도 교차점을 찾게 했다. 모진 말로 아이들에게 상처만 주던 몹쓸 내 모습을 돌아보게 했고 아이의 존재 가치를 깨닫게 해줬다. 무엇보다 미래의 불안하고 불투명했던 나를 조금씩 선명하게 그릴 기회가 있음을 깨닫게 해줬다. 그렇게 조금씩 책에 기대고 있었다.

안경을 쓰는 이유는 선명하게 보기 위해서다. 안경을 통해 운전도 공부도 대인관계에도 나아질 수 있다. 시력이 안 좋은 사람에게는 꼭 필요한 도구이다. 고등학교 때 칠판 글씨를 잘 보기 위해 안경을 썼다. 안경을 썼다고 공부를 열심히 한 건 아니었다. 안경을 안경답게 활용하지 못했다. 마흔셋, 태블릿을 손에 들고 책을 읽기 시작했다. 책과 거리가 멀었던 내가 우연찮은 기회로 책을 읽기 시작했고 삶을 변화시키고 있다. 안경은 제 역할을 못 했지만, 태블릿은 달랐다.

안경을 쓰면 안경테 때문에 시야가 좁아진다고 말하곤 한다. 맞는 말일 수도 있고 아닐 수도 있다. 보는 방법에 따른다고 생각한다. 안경테에 가려 보이지 않는다면 고개를 돌리면 된다. 고개를 돌리면 안경테에 가려졌던 풍경을 볼 수 있다. 우리는 힘든 일을 마주했을 때 한 치 앞도 보이지 않는다고 말한다. 어쩌면 눈앞 일에만 매달리다 보니 눈 돌릴 생각을 하지 않는 건 아닐까? 보이지 않는 걸 보기 위해 제일 먼저 할 일은 시선을 돌려보는 것이다. 그러면 못 보고 안 보이던 걸 볼 수 있게 된다. 그때 보이는 게 늘 옆에 있었던 것일 수도 있다. 나에게 책이 보였던 것처럼 말이다. 풀리지 않던 문제의 실마리가 뜻하지 않은 곳에서 발견되듯, 우리가 가진 문제도 눈을 돌렸을 때 실마리를 찾을 수 있다.

이제는 용기를 낼 때

게임 용어 중 '부캐'라는 단어가 있다. 원래 사용하던 본 캐릭터가 아닌 새롭게 만든 캐릭터를 뜻한다. 요즘은 직장인들 사이에서 부업을 갖는 경우를 뜻하기도 한다. 한 가지 일에만 몰두하는 게 아니라 다양한 가능성을 실험해보며 자신이 잘하고 좋아하는 일을 찾아가는 과정이기도 하다. 김난도 교수는 이런 현상을 '멀티페르소나'와 일맥상통하는 개념으로 소개했다. 멀티페르소나는 개인이 여러 상황에 맞게 다른 사람으로 변신하며 다양한 정체성을 표출한다는 의미이다. 사는 동안 한 개의 직업만 갖는 게 더는 무의미한 요즘이다.

마흔, 20대에 사업을 시작으로 건설업에 몸담은 지 10년째였다. 이 일을 계속할 자신이 없었다. 쫓겨나기 전에 내 발로 나오고 싶었다. 대안을 찾고 싶었지만 어디서부터 시작해야 할지 몰랐다. 본업도 제대로 못 하면서 다른 일을 찾을 수 있을지, 찾는다고 그 일을 잘할지도 확신이 없었다. 늘 고민 끝에는 자영업이 있었다. 궁하면 통한다고 했다. 그즈음 공인중개사 지인으로부터 호프집 인수 제안을 받았다. 공장형 아파트 1층에 위치해 매출이 꾸준하다고 소개했다. 중학교 3학년부터 아르바이트를 시작했고 식당에서 일한 경험이 많았다. 그래서인지 단순하게 생각했다. 직원에서 주인이 되는 거라고. 가능성을 열어두고 조사에 들어갔다. 일주일에 한두 번 문 닫을 즈음 손님인 척 들어갔다. 맥주 한잔을 대충 마신 뒤 계산하고 영수증을 받았다. 영수증에는 당일 계산이 완료된 숫자가 누적으로 표시된다. 숫자가 '10'이면 그날 열 테이블을 받았다는 의미이다. 매출을 정확히 계산하기 어렵지만 어림짐작해 볼 수 있다. 마음은 이미 영업을 시작했다. 메뉴 구성, 접객 방법, 이벤트 등 다양한 구상을 했다. 끌어모을 수 있는 현금과 필요한 대출금, 매달 지출 비용 대비 얼마의 매출을 올려야 하는지 등. 구체적으로 생각할수록 해보고 싶은 욕심이 생겼다. 욕심이 생길수록 냉정함을 잃은 것 같다. 의욕만 앞선 채 아내와 어머니에게 말했다. 아내와 어머니는 무조건 반대했다. 경기도 좋지 않았고, 무엇보다 소심한 내 성격으로 여러 사람을 상대해 낼지 걱정이라고 했다. 인정하고 싶지 않았다. 달라질 수 있다고 설득했다. 내가 설득하는 만큼 아내와 어머니도 나를 설득했다. 결국, 나는 설득 당했다. 이번에는 가족의 말을 듣기로 하고 마음을 접었다.

직장에 다니면서 부업을 갖는 사람이 많다. 직무 역량을 활용해 기획서 작성, 번역, 디자인 등 재능을 파는 사람, 자본을 활용해 프랜차이즈 매장을 운영하는 사람, 부동산이나 주식 투자로 꾸준히 수입을 올리는 사람. 겉으로 보이는 그들은 어렵지 않게 시작하고 성과를 냈다. 기회가 와도 망설이고 시작조차 못 하는 나와는 달라 보였다. 그들과 나 사이에 어떤 차이가 있는지 생각했다. 내가 내린 결론은 자신을 알고 모르고의 차이였다. 자신의 재능이 무엇인지 명확히 아는 사람은 재능을 팔 수 있다. 본업과 별개로 장사에 소질이 있거나 철저히 준비하면 자신 있게 뛰어들 수 있다. 또 오랜 시간 꾸준히 투자 공부를 한 사람은 역량에 맞게 성과를 낸다. 물론 그들도 시행착오를 겪는다. 실패를 경험할 수도 있고 왔던 길을 되돌아갈 수도 있다. 과정 또한 그들에겐 경험이고 자산이다. 그렇게 반복하며 자신에게 맞는 일을 찾아가는 것 같다. 이러한 과정을 직접 경험할 수 있다면 성공 가능성을 높일 수 있다. 하지만 나처럼 마흔이 넘었거나, 실패에 대한 두려움이 크다면 더욱 시작하기 힘들 수 있다. 그렇다고 방법이 없는 건 아니었다. 나는 그 방법을 책에서 찾았다.

호프집 인수를 포기하고 다시 고민에 빠졌다. 그 무렵부터 책을 읽기 시작했다. 주로 자기 계발서를 읽었다. 나처럼 직장을 다니며 부업으로 성과를 낸 이들을 찾아 읽었다. 읽을수록 내 생각이 좁았다는 걸 알았다. 미처 몰랐던 다양한 직업이 있었다. 업무 능력을 파는 사람은 오히려 흔해 보였다. 돈 없이도 물건을 만들어 파는 사람, 자본금 없이도 온라인 마켓을 여는 사람, 자신이 가진 비결을 책자로 만들어 파는 사람. 온라인 세상에서 불특정 다수를 상대로 돈을 버는 사람이 많았다. 그들의 특징은 적은 자본으로 공간과 시간의 제약 없다는 점이다. 그만큼 돈 벌 가능성이 무궁해 보였다. 읽는 책이 쌓일수록 할 수 있을 것 같은 자신감이 붙었다. 제일 먼저 무작정 사업자등록을 냈다. 온라인 마켓을 열어보기로 했다. 네이버 스마트 스토어를 이틀 만에 개설했다. 판매할 제품을 골라 생산업체도 섭외하고 제품 정보도 받아 상세 페이지를 꾸몄다. 판매로도 이어졌다. 온라인 마켓에서 물건을 판다면, 지식과 경험 같은 무형의 것도 파는 게 가능했다. 내 지식과 경험을 통해 타인을 돕는 것, 이런 일을 하는 사람을 메신저라 부른다. 동기 부여를 통해 변화 성장을 돕는 사람이다. 이들은 책이나 강연을 통해 사람을 만난다. 이들이 매력적으로 보인 건 자신을 끊임없이 성장시키며 타인을 돕는다는 데 있다. 즉 나이가 들어도 배움을 이어간다면 얼마든 지속할 수 있다는 장점이 있다. 자본도 필요 없고 은퇴를 고민할 필요 없다. 딱 하나 진심으로 타인을 돕겠다는 마음만 있으면 충분했다.

여전히 직장에 다니며 딴짓하고 있다. 동기 부여, 자기 계발을 돕기 위해 책을 냈고, 내 경험을 통해 실패와 실수를 줄이기를 바라는 마음으로 강연했고, 18년의 직장 경험을 정리해 직업 멘토링도 했고, 그동안 배운 글쓰기 실력으로 필요한 이들에게 도움을 주고 있다. 책을 통해 시선을 돌리지 않았다면 여전히 자영업이 유일한 대안이라 생각했을 테다. 많은 돈을 필요로 하기에 시작조차 못 하고 있었을 테다. 주저할수록 조급해졌고, 조급할수록 올바른 판단을 못 했을 수도 있다. 어쩌면 성급하게 판단해 실패했을 수도 있다. 직장을 다니며 할 수 있는 딴짓이 거창할 필요는 없을 것 같다. 자신의 가능성을 시험해보는 정도면 충분할 것 같다. 하나씩 시도해 보며 가능성을 찾고 원하는 걸 좁혀가는 것이다. 물론 시간이 필요하다. 배우고 익히는 시간, 자신에게 맞는지 안 맞는지 확인하는 시간. 그러나 그렇게 투자한 시간이 결코 낭비는 아니라 생각한다. 설령 자신과 맞지 않는다면 선택지를 좁히는 기회가 될 테니 말이다. 그렇게 하나씩 자신이 바라는 걸 찾다 보면 결국 원하는 걸 찾게 될 것이라고 생각한다.

인식-행동-지속의 3단계 중 행동은 실천을 의미한다. 인식을 통해 문제의 해결책을 찾았다면 행동해야 한다. 행동에는 또 다른 장벽이 있다. 자기 불신이다. 이는 생각일 뿐이다. 해보지 않고 안 될 거라고, 잘할 수 있을까? 안 되면 어떡하지? 이런 생각이 행동을 가로막는다. 불안은 실체가 없는 감정일 뿐이다. 불안을 이기는 가장 쉬운 방법은 일단 시작하는 것이다. 시작하고 성과가 나면 또 하면 되고, 설령 실패하더라도 다시 시작하면 그만이다. 어쩌면 실패를 통해 선택지를 줄여갈 수도 있다. 그렇게 한 발씩 나아가면 분명 바라는 곳에 닿을 수 있다. 멈추지만 않는다면 말이다.

"숙고할 시간을 가져라,

그러나 행동할 때가 오면

생각을 멈추고 뛰어들어라."

나폴레옹 보나파르트

Napoleon Bonaparte

준비운동이 부상을 예방한다

모든 일에는 준비가 필요하다. 준비 없이 달려들면 실수하고 실패하기 마련이다. 실패를 줄이기 위해 준비가 필요하고, 실패할수록 준비의 중요성을 깨닫는다. 그렇다고 준비만 철저히 한다면 아무 일도 일어나지 않는다.

후회 없는 인생을 위하여

루이스 분은 "서글픈 인생을 요약하는 세 마디로, 할 수 있었는데, 할 뻔했는데, 해야 했는데."라고 말했다. 새로운 시도 앞에서 주저하고 망설이면 얻을 게 없다는 의미이다. 돌이켜보면 아홉 번 이직을 할 수밖에 없었던 것도 시도하길 주저하고 변화를 받아들이지 못했기 때문이었다. 그때 만약 다른 선택을 했다면 어땠을까?

할 수 있었는데

스물여섯 살에 첫 직장을 가졌다. 직장을 다녀본 적 없었다. 경험이 없다는 건 흰 종이나 마찬가지였다. 그 위에 마음껏 그릴 수 있는 자신감만 있었다. 한편으로 함께하는 형에 대한 믿음도 한몫했다. 그 믿음이면 성공도 손에 쥘 수 있을 것 같았다. 하지만 일은 생각과 달랐고, 열정도 오래 가지 못했다. 고시원을 새로 짓는 과정에 자주 부딪혔다. 전문가에게 맡겨야 할 공사마저 직접 하겠다고 욕심을 부렸고, 나를 비롯한 다른 직원은 못마땅했다. 효율보다 열정을 강요했다. 불만이 불만을 낳으며, 결국 일부는 공사가 끝나기도 전에 떠났다. 나도 그만두고 싶었지만, 이성보다 감정에 이끌렸다. 그 선택으로 4년 반을 더 함께했다. 떠날 각오로 두 번이나 다른 직업을 찾았지만 결국 다시 주저앉았다. 분명 다른 기회가 주어졌고 새로운 직업을 선택 '할 수 있었는데' 그렇게 하지 않았다.

할 뻔했는데

서른 살, '선택할 수 있었던' 기회를 놓치고 친구의 도움으로 새로운 직장을 얻었다. 모든 게 생소하고 낯설었다. 저마다 경력과 경험을 가진 전문가들로 보였다. 두려웠다. 과연 이곳에서 내가 잘할 수 있을까? 어리바리한 모습은 보이고 싶지 않았다. 낙하산으로 들어왔지만, 낙하산으로 불리고 싶지 않았다. 내려놓을 것도 없었지만 바닥부터 시작한다는 마음으로 일을 배웠다. 마음먹은 대로 행동한 덕분인지 성과는 빨리 나왔다. 노력하는 모습을 좋게 봤는지 회사 내 존재감도 올라갔다. 신규 현장을 맡았고 잘만 마무리하면 더 좋은 조건으로 더 오래 다닐 기회도 생겼다. 기회를 잡고 도전했지만 얼마 못 가 스스로 뛰쳐나오고 말았다. 부담감을 이기지 못했다. 주변에서도 말렸다. 누구나 다 겪는 과정이라고 했다. 옆에서 도와줄 테니 조금만 버텨보자고도 했다. 하지만 뿌리치고 나왔다. 내 실력을 보여주고 인정받을 '뻔했는데' 기회를 내 발로 차버리고 말았다.

해야 했는데

제 발로 걸어 나온 뒤부터 삶이 꼬이기 시작했다. 전공도 다르고, 대학 졸업장도 없고, 경력도 짧고 나이만 많은 나 같은 사람을 선뜻 뽑아주는 곳이 없었다. 망해가는 회사나 이제 막 시작하는 회사에서 기회를 얻었다. 원하는 월급보다 주는 대로 받았고, 하고 싶은 일보다 시키는 일만 했다. 불만은 쌓였지만 고쳐보려고 안 했다. 공부도 안 하고 자격증 시험만 봤고, 노력도 안 하고 토익 점수가 잘 나오길 바랐다. 그때 나는 몽상가였다. 무엇이든 시도하면 다 될 줄 알았고, 그럴 만한 능력이 있다고 믿었다. 하지만 아무런 성과도 없었고 이직할 때면 늘 후회만 반복했다. 그때 나는 머릿속으로만 더 좋은 직장을 찾아다녔다. 더 좋은 조건, 더

든든한 직장, 더 많은 월급을 받고 싶었다면 더 '노력해야' 했다.

나는 여전히 꿈을 꾸고 산다. 그러나 그때와는 조금 다르다. 하고 싶은 일이 생기면 일단 시도해 본다. 시도해 보지도 않고 '할 수 있었는데'라는 후회를 남기지 않기 위해서다. 1년 300권 읽기가 그랬고, 내 이야기로 강연하는 게 그랬다. 장사가 하고 싶어 호프집을 알아봤지만 결국 포기했고, 스마트 스토어를 열고 판매도 해봤지만 포기했다. 그때 만약 알아보지도 않고 포기하고, 쇼핑몰을 열어보지도 않았다면 지금쯤 '할 뻔했다.'라고 후회하고 있었을 것이다. 더는 떨어질 곳이 없다고 느꼈던 때 만약 책을 선택하지 않았다면 여전히 비슷한 삶을 살았을 것이다. 다행히 책을 손에 쥐고 꾸준히 읽은 덕분에 그때와 다른 삶을 살게 되었다. 그때 만약 달라져야 한다고 '생각만 했다면' 아무런 변화도 일어나지 않았을 테다.

선택 앞에서 망설여지는 건 누구나 마찬가지다. 용기를 내서 시도해도 내 뜻대로 되지 않는다. 반대로 노력에 운이 더해져서 바라는 결과를 얻기도 한다. 망설여진다고 아무것도 안 하면 아무 일도 일어나지 않는다. 일단 시도하면 성공이든 실패든 둘 중 하나는 손에 쥔다. 적어도 '할 수 있었는데', '할 뻔했는데', '해야 했는데' 같은 후회는 남지 않는다. 새로운 도전, 새로운 직업을 갖는다는 건 불확실에 뛰어드는 것이다. 직장을 다니며 변화를 시도한다는 건 더더욱 그렇다. 하지만 누구나 변화의 시기를 맞는다. 마쓰시타 고노스케는 "사람은 겨우 60퍼센트 정도만 올바른 판단을 내린다."라고 했다. 필요한 나머지가 '용기'와 '실행력'이라고 덧붙였다. 결국, 용기와 실행력이 60퍼센트의 판단을 명확한 성과로 바꾸어준다는 의미이다. 과거의 '나'는 이미 지나갔다. 지나간 내 모습에 만족하든 불만족하든 그건 중요하지 않다. 중요한 건 지금의 '나'를 어떻게 만들어 가느냐에 따라 미래의 '나'가 결정된다. 자신의 판단을 확신으로 바꾸어주는 게 '용기'와 '실행력'이라고 했다. 지금 당장 삶이 흔들릴 만큼의 변화를 마주하고 있지 않다면, 우선 일상에서 조금씩 용기를 갖고 실행해 보는 것이다. 운동이 필요하면 계단 오르내리기를 시작해 보고, 책을 읽겠다면 하루 한 페이지라도 읽고, 가족과 더 행복해지고 싶다면 10분이라도 대화 시간을 만드는 것이다. 이런 용기와 실행이 쌓인다면 더 중요한 순간과 마주했을 때 적어도 뒷걸음질은 치지 않게 되지 않을까? 그리고 그렇게 판단하고 용기 내고 실행에 옮긴 결과가 좋지 않더라도 후회로 기억되지는 않을 테니 말이다.

책으로 기초체력을 다지다

구글 검색창에서 '습관 명언'을 검색해봤다. 643,000여 개의 검색 결과가 나온다. 아리스토텔레스, 도스토옙스키, 윌리엄 제임스, 데커 등 그들은 습관이 곧 자신을 만든다고 말했다. 습관을 보면 그가 누구인지 알 수 있다는 의미이다. 말투, 행동, 건강, 시간 등 다양한 습관이 있다. 습관은 오랜 시간 되풀이하는 과정에서 저절로 익혀지는 행동 방식이다. 단어 뜻에서 알 수 있듯 원한다고 쉽게 생기지 않는 게 습관이다. 바꿔 말하면 오랜 시간 꾸준히 반복하면 원하는 습관을 갖게 된다고 이해할 수 있다. 2018년 1월 1일부터 책을 읽기 시작했다. 이 글을 쓰는 지금까지 1천 권 넘게 읽었다. 그 덕분에 나에게는 3가지 습관이 생겼다.

하나, 책을 읽는 습관

무작정 읽기 시작했다. 목적도 계획도 없었다. 두 달 만에 고비가 찾아왔다. 읽기만 하니 책을 통해 무엇을 얻게 될지 의심이 들었다. 의심이 들어도 읽는 건 멈추지 않았다. 며칠 동안 몇 장씩만 읽으며 독서의 의미에 대해 다시 고민했다. 답이 금방 나오지 않았다. 금방 나오지 않을 것 같은 답을 찾기 위해 매달릴 여유가 없었다. 포기하자니 그때까지 읽은 게 아까웠다. 생각은 내려놓고 다시 읽어나갔다. 이전보다 더 치열하게 읽기 시작했다. 이왕 시작한 거, 왜 읽는지 의미를 찾으려면 일단 많이 읽는 게 필요했다. 매일 3시간 이상 읽었다. 책에서 만난 성공한 이들은 성공 이후에도 한결같이 책을 손에서 놓지 않았다. 부족한 게 없을 것 같은 그들도 더 나은 내일을 위해 오늘 책을 읽는다고 했다. 책을 통해 정보를 얻고, 사람을 이해하고, 세상의 흐름을 읽는다고 했다. 그들에게 책은 몸에 영양을 공급해주는 음식처럼, 내면을 단단하게 만들어 주는 영양제라고 할 수 있다. 그들은 부를 얻기 위해 책을 읽은 게 아니라, 책을 읽었기에 부와 명예를 얻을 수 있었다고 말했다. 내가 책을 읽는 이유도 조금씩 선명해졌다. 세상과 사람을 이해하는 데 단기 속성 과정은 존재

하지 않는다. 매일 밥을 먹듯 매일 책을 읽으며 세상을 보는 눈을 키우는 수밖에 없다. 매일 읽다 보면 부와 명예는 어느새 옆에 와 있을 거라고 믿어보기로 했다. 그래서 매일 습관처럼 책을 읽어 오고 있다.

둘, 글을 쓰는 습관

6개월 동안 1백 권을 읽었다. 1백 권이라는 숫자에서 성취감을 느꼈다. 살면서 이만큼 짧은 시간에 이만한 성과를 내본 적 없었다. 아마 스스로 자만하는 계기가 되었던 것 같다. 무턱대고 글을 써야겠다는 각오가 들었다. 이만큼 읽었으니 이 정도 글을 쓸 수 있겠다는 자만이었다. 다시 생각해도 부끄럽다. 한편으로 그렇게 시작한 게 결과적으로 지금의 나를 있게 한 출발점이었다. 내 이야기를 담은 책을 내겠다는 욕심으로 쓰기 시작했다. 여기저기 기웃거리면서 배웠다. 방법은 배웠지만, 책을 쓰는 의미에 대해 고민하지 않았다. 의미가 담기지 않은 글은 콧바람에도 날아갈 글이었다. 내 수준을 깨닫기까지 3개월이면 충분했다. 바닥부터 다시 시작한다는 각오로 매일 쓰기 시작했다. 그러면서 독서에 대해 다시 생각하는 계기도 되었다. 남들에게 도움을 주는 글을 쓰고 싶었다. 도움을 주려면 나부터 달라지는 게 순서였다. 내가 달라지지 않으면서 남에게 달라지라고 할 수 없었다. 변화는 어느 한 부분에 그쳐서는 안 된다.

삶 전반의 변화여야 한다. 그래서 다양한 장르를 읽게 되었다. 사람을 돕는 글을 쓰려면 사람을 이해해야 쓸 수 있었다. 여러 분야의 책을 읽고 생각을 적으며 매일 쓰는 습관을 갖게 되었다. 매일 쓰는 게 가능했던 건 매일 읽었기 때문이고, 매일 읽었기 때문에 매일 쓸 수도 있었다. 결국, 책 읽는 습관 덕분에 글 쓰는 습관을 갖고 이렇게 책까지 쓰게 되었다.

셋, 시간 관리 습관

18년 차 직장인이면서 6년째 읽고 쓰기를 이어오고 있다. 이전에는 시간 관리 개념이 없었다. 아니 꿈이 없었다는 게 맞을 것 같다. 하고 싶은 게 없으니 평소에도 뭘 할지 몰랐다. TV나 스마트폰을 보거나 술자리로 남는 시간을 보냈다. 직장에서도 시간 관리 개념이 없었다. 계획을 세워 일하기보다 시간에 쫓겨 일하는 편이었다. 그러니 일에 허덕였고 마음의 여유도 없었다. 그러다가 책을 읽기 시작했고 매일 읽기 위해 시간 관리에 대해 다시 생각하게 되었다. 독서량은 시간에 비례한다. 내 시간을 얼마나 만들어 내느냐에 따라 책 읽는 양도 달라진다. 또 글도 쓰려면 버려지는 시간을 최소화해야 했다. 방법은 단순했다. 자투리 시간을 활용하는 것이다. 나는 조금 더 욕심내서 새벽 시간을 활용했다. 지난 6년 동안 일어나는 시간을 6시에서 5시로 다시 4시 반까지 당겼다. 그 덕분에 여전히 매일 책을 읽고 매일 일정 분량의 글을 쓰고 있다. 책을 읽기 시작하면서 꿈도 생겼고, 꿈을 이루기 위해 시간 관리 방법을 배우고 실천하는 중이다. 시간에 쫓겨 일과 일상을 빡빡하게 살았던 내가 책을 편 덕분에 습관처럼 시간을 아껴 쓰게 되었다.

책을 읽기 시작하면서 자연히 갖게 된 습관들이다. 지금 갖게 된 습관은 20일 만에 생기지 않았다. 60일 지나도 여전히 힘이 들었다. 6년째인 지금도 힘들고 매일 의심이 든다. 그래도 포기하지 않고 꾸역꾸역 이어가고 있다. 왜냐하면, 그만두었을 때 다시 예전의 나로 돌아가고 싶지 않기 때문이다. 여전히 힘에 부치지만 그래도 반복하는 건 얻을 게 더 많아서다. 습관의 정의처럼 매일 반복하며 저절로 몸에 밴 행동이라서 이제는 안 하면 더 이상해졌다. 존 드라이든은 "처음에는 우리가 습관을 만들지만, 나중에는 습관이 우리를 만든다."라고 했다. 습관이 며칠 만에 만들어지길 기대하기보다 습관을 통해 원하는 자신을 만들 수 있다고 믿는다면 기꺼이 참고 견뎌낼 수 있지 않을까? 습관은 분명 어제보다 나은 오늘을 살게 해주는 가장 훌륭한 도구일 테다. 책만 꾸준히 읽었을 뿐인데 지금의 나를 있게 한 습관을 갖게 되었다. 눈을 돌려보면 나보다 더 큰 변화를 겪고 나보다 더 큰 성장과 성공을 이룬 이들은 셀 수 없이 많다.

그들은 한결같이 말한다. 끝이라고 생각했던 순간, 빛이 없는 어둠에서, 답을 찾지 못해 방황하는 시절, 책을 잡았고 책 덕분에 다른 인생을 살게 되었다고. 숲에 길이 만들어지기까지 셀 수 없이 많은 사람이 같은 곳으로 다녔다. 초행자가 의심 없이 같은 길을 가는 건 믿음이 있기 때문이다. 책도 마찬가지다. 이미 셀 수 없이 많은 이들이 책을 통해 다른 인생을 살고 있다. 그런 그들의 성장과 성공을 누구도 의심하지 않는다. 숲에 난 길처럼 말이다. 그만큼 믿을 수 있다면 한번 속는 셈 치고 책을 펴보는 건 어떨까?

목표가 명확하면 길이 보인다

당신은 목표를 정하면 계획을 세우고 실행에 옮기는가? 아니면 일단 실행하고 계획을 수정하는가? 나는 계획부터 세우고 실행에 옮기라고 배웠다. 결과부터 말하면 이 방법은 나에게 맞지 않았다. 조금 더 나은 자격 조건을 갖기 위해 여러 목표를 세웠지만, 어느 것 하나 성취하지 못했다. 그 결과가 아홉 번의 이직이다. 나는 왜 목표를 이루지 못했을까? 이제부터 그 답을 찾아보려고 한다.

잦은 이직으로 늘어난 경력란이 역량을 말해주지 않았다. 전문 자격증을 따려고 시도는 했지만, 매번 떨어졌다. 차선으로 토익 700점을 목표로 잡았다. 계획을 세우고 시행에 옮겼다. 우선 이름난 강사의 교재와 강의 동영상을 검색한다. 가장 빠른 시험일로 접수한다. 시험일을 기준으로 하루에 얼마나 공부해야 할지 계산한다. 준비를 마치면 업무가 몰린다. 바쁜 일을 끝내놓고 다시 시작하기로 한다. 바쁘게 일했으니 보상한답시고 술자리를 만든다. 그러고는 내일부터 시작하자 마음먹는다. 계획했던 날보다 일주일 지나 겨우 책을 편다. 30분 일찍 일어나 책을 폈지만 졸고 있다. 퇴근 후 다시 책을 폈지만 마찬가지다. 결국, 몇 장 못 보고 시험을 본다. 이런 식으로 2년 반복했다. 500점이 최고 점수였다. 그때 나는 철저히 계획을 세웠지만 완벽하게 실패했다.

책을 읽기 전에는 목표를 정하고 계획을 세워 실천하는 게 당연한 줄 알았다. 책을 읽기 시작하면서 방법이 틀렸다는 걸 알게 되었다. 한 해 평균 5만 권 이상 출간된다. 그중 나에게 맞는 책을 찾는 게 쉽지 않다. 독서에 시간을 투자하는 만큼 얻어가고 싶은 게 사람 심리다. 그래서 책 선택도 신중에 신중을 기한다. 하지만 나에게 필요한 책인지는 읽어보지 않고는 알 수 없다. 광고성 소개 글에 혹해 손에 들어도 결국 끝까지 읽고 나서야 얻는 게 생긴다. 그러니 이것저것 재기보다 일단 펼쳐보는 게 먼저이다. 내 생각과 맞으면 계속 읽고, 생각과 다르면 그만 읽고 다시 다른 책을 찾으면 된다. 그러니 계획적으로 책을 고르는 게 의미 없다는 걸 알았다. 차라리 이 책 저 책 읽으면서 관심사를 좁혀가는 게 오히려 효과적이었다. 1년에 300권 독서 목표를 이룰 수 있었던 것도, 어떤 책을 읽겠다는 계획 대신 손에 잡히는 대로 읽었기에 이룰 수 있었다.

2019년, 준비도 없이 강연 날짜부터 잡았다. 머리로 계획하기보다 마음이 시키는 대로 했다. 다꿈스쿨 청울림 대표가 기꺼이 기회를 만들어 주었다. 날짜가 정해지고부터 준비에 들어갔다. 목표 달성을 위해 한 가지 장치를 했다. 주변에 공표했다. 공표는 장단점이 있다. 장점은 도망갈 길을 만들지 않는 것이다. 죽이 되든 밥이 되든 끝까지 할 수밖에 없는 장치이다. 단점은 뇌가 이미 성공했다고 인식하는 것이다. 심리학에 따르면 뇌는 공표를 '성공했다'로 인식한다고 한다. 그래서 노력을 게을리하게 될 수도 있다고 말한다. 그때는 단점을 몰랐다. 무작정 앞만 보고 두 달을 달렸다. 덕분에 2시간짜리 강연을 무사히 마쳤고 할 수 있다는 자신감도 얻었다. 무엇보다 준비하는 과정에서 내가 아는 것과 모르는 것을 정리하는 기회였다. 시작하지 않았다면 얻을 수 없었던 것들이다.

2021년 5월부터 일기를 쓰고 있다. 매일 출근 전 10분 동안 펜을 든 그 순간 떠오르는 내용을 쓰는 식이다. 계획하고 시작한 게 아니었다. 쓰겠다고 마음먹고 곧바로 시작했다. 누구에게 보여주는 게 아니니 마음대로 썼다. 글씨가 엉망이고 앞뒤가 안 맞아도 그냥 썼다. 매일 쓰고 매일 생각하고 매일 나를 위한 시간을 갖는 데 더 의미를 두었다. 쓰면 쓸수록 한 발 떨어져 나를 볼 수 있었다. 혼자만 하는 게 아쉬워 사람을 모아 같이 써보기로 했다. 5명으로 시작해 11명이 함께 하고 있다. 매일 쓰는 이도 있고 퐁당퐁당 쓰는 이도 있다. 중요한 건 그들도 시작이 먼저였다. 모집 글을 읽고 마음이 움직여 일단 시작했고 하루, 한 주, 한 달을 써내고 있다. 하루 10분이 쌓여 저마다 어떤 변화를 맞을지 알 수 없다. 하지만 일단 시작했기에 앞으로의 변화도 기대할 수 있게 되었다고 생각한다.

일 년에 300권을 읽어내고, 무작정 날짜를 정해 강연하고, 매일 10분씩 2년째 일기를 쓸 수 있었던 건 시작부터 했기에 가능했다. 그때 만약 완벽하게 준비한 뒤 시작했다면 어땠을까? 아마 계속 준비만 하고 있었을 것 같다. 생각은 접고 일단 시도부터 하는 것도 직접 경험해보고 알았다. 이 또한 시작하지 않았다면 몰랐을 테다. 내가 찾은 목표를 이루는 가장 확실한 방법은 일단 시작하는 것이다. 실패에 대한 걱정, 할 수 있을까에 대한 의심은 아무런 도움이 안 된다. 걱정하고 의심할 시간에 차라리 시작하는 게 현명한 방법이다. 결과는 정해져 있지 않다. 결과는 내가 만들어 내는 것이다. 결과를 만들어 내려면 일단 시작부터 해야 한다. 시작하고 수정하고 다시 반복하면서 바라는 결과를 만들어 가면 된다.

내비게이션에 목적지를 설정하면 다양한 경로를 알려준다. 요즘은 빅데이터를 활용해 가장 빠른 길을 알려주지만, 단순히 경로만 알려주는 내비게이션은 어느 길로 갈지 망설이게 된다. 어느 길이 더 빠를지, 어디로 가야 막히지 않을지 생각이 많아진다. 출발하기 전 망설임은 도착 시각을 늦출 뿐이다. 걱정이 많아지면 출발도 못 한다. 목적지가 정해지고 경로를 확인했으면 일단 출발하는 것이다. 길을 잘못 들어 돌아갈 때도 있겠지만 출발도 하지 않고 시간만 보내는 것보다 몇 미터는 더 앞서게 된다. 목표를 세우고 행동으로 옮기는 것도 마찬가지다. 일단 시작하면서 방법도 수정하고 처음으로 되돌아가기도 할 테다. 그래도 시작도 못 하고 시간만 낭비하는 것보다는 낫지 않을까?

링 위에 올라라

결승선을 1등으로 들어오는 사람은 누구일까? 당연히 같이 뛰는 이들 중 가장 빠른 사람이다. 또 한 명 있다. 말장난 같겠지만 가장 먼저 출발한 사람이다. 질문을 다시 보면 같이 출발했다고 안 했기 때문이다. 우리는 인생을 경주에 비유한다. 치열한 경주 끝에 1등으로 들어오면 성공한 사람이라고 추켜세운다. 인생이라는 경주에서 성공이라는 결과를 얻는 과정을 보면 결코 출발이 같은 예는 없다. 성공의 정의 또한 저마다 다르기 마련이다. 그러니 우리가 흔히 생각하는 같은 출발선에서 동시에 출발하는 달리기 경주가 인생에는 적용되지 않는다는 의미이다.

스물여섯 살, 대학에 다니며 사업을 시작했다. 중학교 3학년 때부터 식당, 마트, 공장, 건설 현장에서 일해본 게 전부였다. 제대로 된 직장을 못 다녀봤다. 그래도 이끌어주는 형을 믿고 인생을 걸어보기로 했다. 남들보다 출발이 빨랐다. 그때 내 또래는 제대 후 복학해 졸업과 취업을 준비할 때였다. 노력 여하에 따라 친구들보다 일찍 성공할 수 있을 거라는 믿음이 있었다. 그 믿음은 기분 좋은 상상으로 이어졌다. 남들은 졸업과 취업할 때 나는 내 손으로 일군 직장에서 내 자리를 갖고 있을 거였다. 어떤 면에서 성공이라고 여길 만했다. 다 익은 감이 나무에서 떨어지듯 성공이 쉽게 얻어지지 않을 거라고 알고 있었다. 그래도 서로에 대한 믿음이 결국 바라는 성공을 가져다줄 거로 믿었다.

먼저 출발했으면 1등으로 도착했을까? 아니었다. 4년 반을 매달렸지만 제대로 달려보지도 못하고 낙오자가 되고 말았다. 그때가 서른 살이었다. 다르게 보면 남들보다 일찍 실패를 경험했다. 실패를 경험 삼아 다시 한번 도전해 볼 수도 있을 테다. 하지만 그러지 않았다. 그럴 깜냥도 기회도 없을 것 같았다. 다른 길을 선택했다. 당장 돈벌이가 되는 직업을 선택했다. 서른 살에 전공과 다른 직업으로 신입이 되었다. 출발이 한참 늦었다. 기울어진 운동장에서 아무리 달려도 앞서 달리는 이를 따라잡지 못한다. 그렇게 믿었던 것 같다. 믿는 대로 행동하니 남들보다 탁월해지고 전문성을 키울 노력을 안 했다. 그동안 패배 의식을 갖고 살았다.

여전히 직장을 다니고 있지만, 지금은 그저 그런 직장인이길 포기했다. 새로운 경주를 시작했다. 남들 기준에는 늦었지만, 적어도 내 기준에는 빨랐다. 왜냐하면, 결승선을 남이 아닌 내 기준으로 정했기 때문이다. 마흔셋부터 책을 읽고 글쓰기를 시작했다. 책 쓰고 강연하는 작가가 되기 위해서이다. 이미 같은 직업을 가진 이들이 넘쳐난다. 그런데도 나는 왜 이 직업을 선택했을까? 하고 싶었기 때문이다. 하고 싶은 일을 시작하는데 늦은 출발은 없었다. 망설이고 시작하지 않으면 그만큼 늦어질 뿐이었다. 그래서 나이는 잊고 일단 시작했다. 시작은 했지만 만만치 않았다. 직장 다니며 생계도 책임져야 했기에 시간이 부족할 수밖에 없었다. 그렇다고 시간 탓하고 싶지는 않았다. 시작한 이상 제대로 해보고 싶었다. 출발이 늦은 만큼 내 앞에 달리는 이들을 따라잡고 싶었다. 따라잡는 건 경쟁을 의미하지 않았다. 오롯이 나의 실력, 나의 경쟁력이다. 남들보다 탁월한 능력을 갖추고 싶었다. 나 자신과의 싸움이었다.

한편으로 이런 생각과 마음가짐을 일찍부터 가졌다면 어땠을까 생각해봤다. 사업을 시작했던 스물여섯부터면 결과가 달라졌을 수도 있다. 이제야 배운 게 한 가지 있다면, 어떤 일이든 출발이 빠를수록 좋다는 것이다. 변하지 않는 사실은 인생에서 출발이 같은 경주는 없다. 누가 언제 어디서 출발하든 1등으로 들어오는 사람은 있기 마련이다. 속도가 빠른 사람이 1등으로 들어온다면 먼저 출발한 사람도 1등이 될 수 있다. 먼저 출발하는 데 조건이 있을까? 없다고 생각한다. 무식하리만치 시작부터 하면 그게 가장 빠른 출발이다. 이 또한 경험하고 다시 시작하면서 배운 한 가지이다.

누군가는 출발선에 서 있다. 취업, 이직, 은퇴, 사업 등. 어느 분야든 먼저 달리는 사람은 있기 마련이다. 먼저 달린다고 꼭 먼저 결승선을 통과한다는 법은 없다. 달리다 보면 따라잡기도, 따라잡히기도 한다. 하지만 마지막에 결승선을 통과하는 사람은 끝까지 완주한 사람뿐이다. 속도는 중요하지 않다. 따라잡혀도 괜찮다. 중요한 건 지금 상황에서 시작하는 마음가짐이다. 시작이 빠를수록 좋다는 의미이다. 일단 시작하면 실패도 빨리 경험하고 성공도 일찍 얻을 것이다. 출발선도 결승선도 스스로 정하기 나름이다. 남들과 경쟁하는 경주보다 나 자신과 경주를 했으면 한다. 이때 필요한 게 언제든 시작하겠다는 마음이다. 늦은 출발은 후회만 남지만 빠른 출발은 실패든 성공이든 하나는 남는다. 그래야 남들보다 빠르게 또 다른 출발을 할 수 있을 테니 말이다.

"운명은 우연이 아닌, 선택이다. 기다리는 것이 아니라, 성취하는 것이다." 이 말은 윌리엄 제닝스 브라이언이 남긴 말이다. 그는 미국 역사상 가장 인기 있는 연설자로 유명하다. 또 제국주의를 반대하며 평화에 앞장선 정치인이다. 그의 정치적 행보를 보면 그 또한 우연이 아닌 선택에 따라 움직였음을 짐작케 한다. 대통령 후보로 세 번이나 지목받았지만, 당선과는 거리가 멀었다. 그도 선거에서 세 번이나 질 걸 예상했을까? 아닐 것이다. 시작하기 전에는 결과를 알 수 없다. 어떤 결과를 손에 넣을지는 선택하고 성취하기 위해 노력했을 때만 알 수 있다. 운명을 바꾸는 시작도 우연히 찾아오지는 않는다. 결과는 알 수 없지만 스스로 선택하면서부터 시작된다. 대통령이 되고자 하는 정치인과 더 나은 일상을 바라는 직장인의 꿈의 크기는 다르다. 저마다 의미 있고 가치 있다. 지금 이 책을 읽는 당신이 대통령이 되겠다는 꿈을 가졌다면 마음으로 응원하겠다. 만약 그만큼 원대한 꿈이 아닌 어제보다 조금 나은 오늘을 바란다면 더는 망설이지 않았으면 좋겠다. '운명은 우연이 아닌 선택'이라는 그의 말처럼 지금 선택하면 운명도 달라질 수 있지 않을까 생각한다.

마지막 이직을 준비하다

연쇄살인마 연기를 했던 배우의 인터뷰를 본 적이 있다. 그에게 연기하면서 가장 힘든 점이 무엇인지 물었다. 난도 높은 액션 연기를 말할 줄 알았지만 의외의 대답을 들었다. 그는 촬영이 끝나도 극 중 인물에게서 빠져나오지 못하는 자신이 힘들었다고 했다. 그만큼 몰입해야 극 중 인물을 완벽하게 표현할 수 있다. 연기자는 가상의 캐릭터와 자신을 하나로 만든다고 했다. 짧게는 수개월, 길면 일 년 이상 그 인물로 살아야 하고 시간이 갈수록 기존의 나와 혼란을 겪는다. 그런 그들이 안쓰럽기도 하지만 한편으로 다른 삶을 살아본다는 게 부럽기도 하다. 직장인이 다른 삶을 살아본다는 건 웬만한 용기와 결단 없이는 어렵기 때문이다. 직업을 구하는 것도 마찬가지다. 언젠가는 지금 직장을 떠나야 하고, 새로운 직업을 가져야 할 때가 온다. 그 과정이 쉽지는 않지만 어려워도 피할 수 없는 게 현실이다.

아홉 번 이직하는 동안 '직장'만 찾아다녔다. 잦은 이직으로 생계가 불안했고, 생계를 해결하려면 직장을 찾는 게 먼저였다. 직업을 고민할 여유가 없었다. 직업을 바꾸는 건 시간과 노력, 돈이 필요했다. 어쩌면 먹고사는 문제에만 매달리며 다른 방법을 찾지 않았던 것 같다. 직장만 좇으며 놓친 게 하나 있었다. 직장은 나를 평생 책임지지 않는다. 나를 책임지는 건 내가 좋아하고 잘할 수 있는 직업이다.

무슨 일이든 처음이 어렵다. 마흔셋에 시작한 책 읽기, 무작정 시작한 온라인 쇼핑몰, 아는 것도 없이 덤벼든 글쓰기, 무턱대고 날짜부터 정한 유료 강연이 그랬다. 어려운 걸 알면서도 일단 시작했다. 중요한 건 지금까지 배우고 익히고 실행한 것들이 직장을 다니면서 해왔다. 능력이 뛰어나고 시간 관리를 잘하는 일부만이 해내는 것으로 알았다. 해보지 않아서 못 했던 것 같다. 시작하고 부딪쳐보니 풀기 어려운 문제는 아니었다. 시도하고 실패하고 배우고 꾸준히 실천하면서 내가 하고 싶은 일을 찾게 되었다. 나를 책임져주지 않는 직장이 아닌 내가 나를 지킬 수 있는 직업을 갖게 되었다.

평범한 직장인이면서 특수 요원 캐릭터를 연기하는 배우가 부러웠다. 뛰어난 통찰력으로 시장을 선도하는 기업가 역할이 부러웠다. 다양한 성격을 연기할 수 있는 연기자가 부러웠다. 비록 연기지만 다양한 직업을 경험해보는 그들이 부러웠다. 이제는 부러워하고 있지만 않다. 나도 그들 못지않게 다양한 캐릭터를 만들었고 성장시키고 있다. 독서 경험은 책을 읽고 싶은 이들에게 조언해 줄 정도가 되었고, 쇼핑몰을 운영해 본 경험은 망설이는 이들에게 조언해줄 수 있고, 재능 마켓을 통해 취업 준비생에게 도움도 줄 수 있게 되었다. 지금 읽고 있는 이 책 또한 내 경험과 지식을 더 많은 사람과 나눌 수 있는 작가가 되었기에 가능했다. 이런 다양한 직업 경험을 통해 마지막 이직을 준비하고 있다.

살면서 겪는 수많은 일 중 내 뜻대로 되지 않는 일이 더 많다. 그러나 그 일을 대하는 태도는 우리 스스로 선택할 수 있다. 존 오리어리는 9살 때 사소한 실수로 온몸에 3도 화상을 입으며 죽음의 문턱까지 갔다. 여러 차례 수술에도 희망이 보이지 않았다. 더는 삶을 이어갈 자신이 없던 존에게 어머니는 “존, 이대로 죽는 게 낫겠니? 그렇게 하고 싶으면 그래도 돼. 그건 누구의 선택도 아닌 네 선택이야.” 존은 삶을 선택했고, 이어진 고통스러운 치료 과정을 이겨내며 자신이 바라는 삶을 살게 되었다. 내 뜻대로 되지 않는 일에 안주하고 살 수도 있고, 반대의 선택을 할 수도 있다. 어떤 선택을 하든 그에 따른 결과는 온전히 자신의 몫이다. 어쩌면 지금 자신 앞에 놓인 문제들이 ‘문제’가 아닐 수도 있다. 문제라고 받아들이면 문제가 되고, 문제가 아니라고 생각하면 쉽게 해결될 수도 있다. 지금 당신을 가로막는 문제가 무엇이든 그것을 대하는 태도는 당신이 선택할 수 있다. 어떤 선택이 자신에게 도움이 되는지는 이미 알고 있지 않을까?

헤밍웨이는 “태양은 결코 이 세상을 어둠이 지배하도록 놔두지 않는다.”라고 말했다. 나는 이 말을 “당신이 가진 문제는 결코 당신을 나아가지 못하게 잡아둘 수 없다.”라고 해석하고 싶다. 지금 손에 쥔 문제 때문에 힘들 수 있다. 하지만 문제를 문제로 보지 않는다면 또 다른 기회가 될 수도 있다. 문제에는 반드시 답이 있기 마련이다. 답을 찾기까지의 여정이 길 수도 있다. 하지만 어둠을 밀어내는 태양은 어김없이 떠오른다. 당신을 덮고 있는 문제도 머지않아 태양이 어둠을 밀어내듯 답을 찾게 될 테다. 당신이 문제와 마주할 용기를 낸다면 말이다.

아홉 번 이직으로 깨달은 한 가지

지금 아는 걸 그때 알았더라면

대학교 다닐 때 건축 설계는 5학점 전공 필수였다. 누구도 선뜻 포기할 수도, 그렇다고 쉽게 학점을 딸 수 있는 과목도 아니었다. 설계 수업은 강의를 듣는 방식이 아니다. 내 아이디어를 논리적으로 설명하고 설득한 뒤 교수님의 피드백을 받는 과정이 반복된다. 이를 통해 설계를 배우고 결과물의 질을 높인다. 설계를 한마디로 정의하면 더 나은 선택을 하는 것이다. 다양한 아이디어 중 조건에 맞는 선택을 위해 여러 의견을 듣고 판단하는 과정이다. 그러니 주변 사람의 피드백이 무엇보다 중요하다. 우리도 살다 보면 선택의 순간을 맞게 된다. 올바른 선택을 위해서는 다양한 의견을 들어야 한다. 여러 의견을 듣고 판단한다면 더 나은 결과를 얻을 수 있다.

스물여섯 살, 또래보다 빨리 내 일을 시작했다. 사회 경험은 없었지만, 서로에 대한 믿음은 있었다. 그 믿음이면 누구보다 빨리 원하는 직장을 만들 거로 생각했다. 상대방에 대한 확신과 막연한 기대를 믿고 선택했다. 선택에 앞서 누구에게도 의견을 묻지 않았다. 혼자 생각하고 판단했다. 믿음이 판단의 근거였다. 그 믿음에 금이 가는 데 1년도 채 걸리지 않았다. 아무런 진전 없이 시간만 갉아먹었다. 내 선택이 옳았는지 의심이 들었다. 다른 선택이 필요했다. 그때도 아무에게 묻지 않았다. 물을 처지가 아니었다. 주변 사람에게는 사업한답시고 그럴듯한 모습만 보여줬기 때문이다. 그러니 혼자 일자리를 알아보고, 몰래 면접을 봤고, 운 좋게 입사로 이어지기도 했다. 하지만 그만두지 못했다. 다른 길을 앞에 두고 다시 그 자리에 주저앉았다. 두 번이나 같은 과정을 반복했다. 그때는 그곳을 벗어날 용기를 못 냈던 것 같다. 기회가 있었음에도 결단을 내리지 않았다.

그때는 냉정하지 못했다. 현실을 똑바로 볼 용기를 못 냈다. 어쩌면 내 선택이 틀렸다는 걸 인정하고 싶지 않았던 것 같다. 그래서 벗어날 기회를 만들었어도 스스로 포기했다. 그때 만약 주변 사람의 눈으로 나를 봤다면 좀 더 냉정하게 판단했을 것 같다. 남의 시선 신경 쓰지 않고 나에게만 집중했다면 어땠을까? 아마도 부모님은 물론 형들과 친구들에게도 내 상황에 대해 솔직하게 말하고 의견을 구했을 것이다. 처음 시작할 때 올바른 판단을 못 했기에 몇 년을 까먹었다면, 적어도 다음에는 같은 실수를 반복하지 않아야 했다. 그러기 위해 더 솔직해지고 주변 사람 의견에 귀를 기울이어야 했을 테다.

20대의 나에게 해주고 싶은 말이 있다. 선택이 두려운 건 누구나 마찬가지다. 선택을 결정하는 데 상대방에 대한 믿음도 꼭 필요하다. 그보다 내 선택이 올바른지 묻고 답하는 과정을 반드시 거쳐야 한다. 더 나은 설계를 위해 다양한 피드백이 필요한 것처럼 말이다. 주변 사람에게 자신의 상황을 있는 그대로 알리고 의견을 듣는 것이다. 그 과정에 내 생각과 다른 결과가 나오더라도 받아들일 수 있어야 한다. 내 눈에 보이지 않는 걸 그들은 볼 수 있기 때문이다. 그런 과정을 거치고 난 뒤 내린 결정은 후회도 덜하다. 나는 그러지 못했기에 4년 반을 낭비했다. 물론 배운 것도 있지만, 신중하지 못했던 내 태도가 아쉬울 따름이다. 만약 지금 알게 된 걸 그때도 알았다면 좀 더 나은 선택을 했을 거다.

하고 싶은 일이 있다면 일찍 시작하는 게 무엇보다 중요하다. 실패든 성공이든 결과와 마주해야 다음 단계로 나아갈 수 있기 때문이다. 하지만 이보다 중요한 한 가지가 있다. 선택에 앞서 다양한 의견을 듣는 것이다. 20대의 선택은 대부분 낯선 것에 대한 도전이다. 불안한 게 당연하다. 그렇다고 경험이 많다고 할 수도 없다. 그런 부족함을 주변 사람에게서 구해야 한다고 생각한다. 먼저 자신의 상황을 알리고 다양한 의견을 듣는 것이다. 그 과정을 통해 다른 시각으로 자신을 바라보는 과정이 필요하다. 한 발 뒤로 물러나면 분명 못 보고 안 보인 부분이 보인다. 그러고 나서 판단해도 늦지 않을 테다. 하고 싶은 일에 뛰어들 용기도 필요하지만, 하면 안 되는 걸 선택할 용기도 필요하다. 어쩌면 후자의 용기가 더 현명한 판단으로 이어질 수 있을 테니 말이다.

2부

행동

생각이 아닌
행동이 삶을 바꾼다

행동

1. 몸을 움직여 동작하거나 어떤 일을 함.

2. 내적, 또는 외적 자극에 대한 생물체의 반응을 통틀어 이르는 말.

3. 분명한 목적이나 동기를 가지고 생각과 선택, 결심을 거쳐 의식적으로 행하는 인간의 의지적인 언행. 윤리적인 판단의 대상이 된다.

행동의 가장 큰 장애물은 두려움이다. 두려움을 극복하기 위해 용기를 내라고 한다. 용기는 어디서 만들어질까? 용기는 행동했을 때 만들어진다. 용기 있어 행동하는 게 아니라 행동함으로써 용기가 생기는 것이다. 그러니 두려움을 없애는 유일한 방법은 행동이다.

시간

성패를 가르는 시간 관리 기술

눈만 깜빡여도 시간은 흐른다. 흘려보낸 시간은 되돌아오지 않는다. 이제까지 얼마나 많은 시간을 흘려보냈는지 모른다. 흘려보낸 시간은 꼭 하나를 남긴다. 후회이다. 우리에겐 살아갈 시간이 남았다. 똑같은 실수를 반복할 것인가? 아니라면 시간을 달리 대해야 한다. 시간을 어떻게 대하느냐에 따라 시간도 그 모습을 달리할 것이다.

"우리가 진정으로 소유하는 것은

시간뿐이다.

가진 것이 달리 아무것도 없는 이에게도

시간은 있다."

발타사르 그라시안

Baltasar Gracián y Morales

‘시간’이라는 강력한 무기를 장착하라

우리는 태어날 때 부모를 선택할 수 없다. 태어나보니 누구누구의 아들이자 딸이 되어 있다. 부족한 것 없는 환경일 수도, 세끼를 걱정해야 하는 상황일 수도, 하고 싶은 걸 마음껏 하거나, 원하는 걸 말하기조차 힘들 수도 있다. 돈이 많건 적건, 화목하건 불행하건 모두에게 똑같이 주어지는 단 하나가 있다. 바로 시간이다. 태어난 환경은 내가 선택할 수 없지만, 주어진 24시간을 어떻게 사용할지 온전히 내가 결정할 수 있다. 그 결정을 통해 만들어지는 삶의 모습 또한 오롯이 내 몫이다.

고등학교 때 왕복 2시간 거리를 통학했다. 출퇴근 정체가 싫었다. 남들보다 일찍 나서기로 마음먹었고 이때부터 새벽 기상을 시작했다. 5시에 일어나서 어머니가 차려준 아침밥과 도시락을 받아 들고 집을 나섰다. 7시면 학교에 도착했다. 실업계 고등학교라 자율학습이 없었다. 남들보다 일찍 하루를 시작했지만 나를 위해 무언가 하지 않았다. 사회에 나와서도 일찍 출근하는 건 변함없었다. 직장까지 대중교통이나 자가용을 이용해도 무조건 1시간 일찍 도착했다. 가장 먼저 자리에 앉지만 일을 하거나 자기 계발을 한 건 아니었다. 뉴스 보거나 농담 주고받는 게 전부였다. 그때는 시간을 올바로 활용하지 못했다. 남들보다 일찍 일어났지만 남들보다 못하거나 비슷한 아침을 보냈다. 그렇게 흘려보낸 시간은 하고 싶은 것도, 잘하는 것도 없는 나를 만들었다.

고등학교 입학이 결정되고 작은형을 따라 아르바이트를 시작했다. 방학 동안 아무것도 안 하고 노는 것보다 나을 것 같았다. 서울랜드 내 음식점 서빙이었다. 주말에만 아침 9시부터 밤 9시까지 일했다. 출퇴근 시간까지 더하면 주말을 꼬박 그곳에서 보냈다. 일이 고되긴 했지만 오래 근무하니 시급도 많이 받았다. 한 달 일하면 20만 원 남짓이 주머니에 들어왔다. 고등학생이 되어서도 주말 아르바이트는 계속했다. 친구들 사이 낯가림이 끝나니 용돈이 궁한 몇몇 친구도 같은 곳에서 일했다. 그들도 주말 동안 일해서 모은 돈으로 게스, 캘빈클라인, 나이키 같은 제법 비싼 옷과 신발을 샀다. 놀이동산 아르바이트를 그만둔 이후에도 다른 아르바이트를 계속했다. 고등학교 2학년 때까지 평일, 주말 가리지 않고 일했었다. 수업 끝나고 학원에서 당구장에서 시간을 보내는 친구도, 나처럼 틈틈이 아르바이트하는 친구도 각자에게 주어진 시간을 어떻게 보낼지 선택했다.

직장을 다니며 6년째 매일 책 읽고 글쓰기를 반복해오고 있다. 낙엽도 구르는 재주가 있다고, 주워들은 게 제법 되니 나와 비슷한 고민을 하는 사람을 돕고 싶었다. 재능 공유 플랫폼에 이름을 올리고 몇 만 원을 받고 그들이 필요로 하는 걸 돕고 있다. 평일, 주말을 가리지 않고 의뢰가 들어왔다. 한 사람 한 사람 다 소중했기에 정해진 마감 시간을 지켰다. 그러니 잠을 줄이거나 주말 몇 시간을 그들에게 할애해야 했다. 돈을 받는 것보다 도움을 줄 수 있다는 게 보람 있었다. 그들에게 도움을 주기 위해 노력하는 그 시간의 가치는 돈으로 환산되는 게 아니었다.

출퇴근 도로 정체가 싫어서 새벽에 집을 나섰다. 무료한 시간을 채우기 위해 아르바이트를 시작했다. 주말을 반납하고 용돈을 벌었고 입고 싶은 옷과 먹고 싶은 걸 살 수 있었다. 고등학교에 다니면서도 친구들과 노는 시간 대신 용돈을 벌기 위해 아르바이트를 했다. 그 덕분에 다른 친구보다 조금은 풍족한 생활을 했다. 모두에게 똑같이 주어지는 시간에 어떤 의미를 부여하느냐에 따라 사용법은 달라진다. 직장인에겐 업무도 중요하지만, 개인 역량을 키울 시간도 필요하다. 학생에겐 공부도 중요하지만 다양한 경험을 해볼 시간도 필요하다. 육아 중인 엄마에겐 아이 돌봄도 중요하지만, 휴식도 필요하다. 자기 계발을 하지 않는 직장인은 경쟁에서 뒤처질 수 있고, 다양한 경험이 부족한 학생은 좋아하는 일을 찾지 못하고, 휴식 없는 엄마에게 돌봄은 노동일 뿐이다.

돈, 부동산, 귀금속처럼 눈에 보이는 것만이 재산은 아니다. 우리 모두에게 공평하게 주어진 유일한 재산은 시간이다. 돈을 빌리거나 빌려줄 때는 철저히 계산하면서 내 시간을 내어줄 때는 그러지 않는다. 돈은 노력한 만큼 다시 벌 수 있지만, 시간은 한 번 흘려보내면 돌이킬 수 없다. 흘려보내는 그 시간에 무엇을 할지는 오롯이 자신의 선택이다. 또 그 시간을 통해 무엇을 얻을지도 자신의 선택에 달렸다. 시간만큼 우리 모두를 같은 출발선에 서게 하는 건 없다. 그러니 적어도 내 시간을 내 의지대로 사용함으로써 남들보다 한 발 앞서 달릴 수 있길 바라본다.

가장 바쁘게 사는 사람이 가장 많은 시간을 갖는다고 했다. 이 말은 부지런한 사람이 더 많은 걸 얻는다는 의미이다. 시간은 누구도 차별하지 않고 똑같이 주어지는 유일한 자원이다. 똑같은 조건에서 가치를 돋보이게 만드는 건 같은 시간 동안 무엇을 하느냐에 달렸다. 주어진 일, 하고 싶은 일, 좋아하는 일에 더 많은 시간을 투자할 수 있다면 자연히 더 많은 걸 얻을 수 있을 테다. 지금 자신이 시간을 어떻게 사용하는지 다시 점검했으면 한다. 입버릇처럼 시간이 부족하다고 불평만 하고 있는지? 무의미한 행동으로 시간을 낭비하고 있는지? 불평, 낭비를 줄일수록 내 시간의 가치도 올라간다. 시간을 가치 있게 사용할수록 나의 가치도 높아질 것이다. 그러니 이왕이면 가치 있는 일로 바쁘게 살면서 더 많은 시간을 가질 수 있길 바라본다.

시간을 담금질하다

부끄럽지만 마흔 넘어서까지 시간 관리 개념이 없었다. 직장에서 주어지는 일도 그날그날 되는 대로 했고, 하다가 못 하면 다음 날 하는 식이었다. 시간 계획을 세워 체계적으로 일하라고 배웠지만 실천하는 방법을 몰랐다. 효율적으로 일하지 못하니 남들보다 성과를 내지 못했다. 시간만큼 모두에게 평등한 자원은 없다. 성공과 실패를 결정짓는 요인 중 시간 관리도 있다는 걸 마흔이 넘어서야 알았다.

월급은 가족의 생계를 위해 쓰고 나면 적자인 경우가 더 많았다. 손에 닿기도 전에 스쳐 가는 월급을 넋 놓고 바라보기만 했다. 돈에는 쪼들려 살았지만, 시간만큼은 과소비했다. 직장과 집에서 남는 시간은 최선을 다해 나를 위해 썼다. 근무 시간 틈틈이 상사 눈을 피해 뉴스와 쇼핑했다. 출퇴근 시간은 부족한 잠을 자거나 멍하니 스마트폰만 봤다. 집에서는 TV로 힘든 하루를 위로받았다. 시답잖은 농담을 위해 술자리를 가졌고 스트레스를 핑계로 자주 회식을 했다. 나를 위한 시간이었지만 나에게 도움 되는 시간은 아니었다. 매번 허무하고 아깝다고 머리로는 생각했지만, 행동은 달라지지 않았다. 모두에게 똑같이 주어지는, 써도 써도 끝없이 채워지는 유일한 자원인 시간을 내 의지대로 과소비해 왔다.

밥을 먹다가 김치 국물이 옷에 묻으면 온종일 신경 쓰인다. 쳐다보는 사람도 없고 뭐라고 하지 않는데도 혼자만 감추려고 한다. 그때는 그랬다. 괜찮은 직장만 얻어걸리면 먹고사는 문제가 해결될 줄 알았다. 남들이 어떻게 사는지는 중요하지 않았다. 오로지 내 옷에 묻은 김치 국물처럼 내가 갖고 싶은 직장에만 신경 썼다. 모든 고민의 시작과 끝은 오로지 이직이었다. 무엇을 놓치고 사는지, 무엇을 위해 살아야 하는지, 어떻게 살아야 하는지를 나에게 묻지 않았다. 그러니 직장에 있는 시간 말고는 덤으로 주어진 시간으로 여겼다. 어떻게 사용하든 나만 좋으면 그만이었다. 그랬던 나도 어느 때부터 김치 국물을 신경 쓰지 않게 되었다. 책을 읽기 시작하면서부터다. 옷에 묻은 자국은 지워도 그만, 안 지워도 그만이다. 거기에 신경 쓸 시간에 한 페이지라도 더 읽는 게 의미 있는 시간임을 알았다.

새 옷을 사는 것도 필요하지만 오랫동안 깨끗하게 입으려면 꾸준한 관리도 중요하다. 이제까지 책과 연결고리가 없던 나도 책을 읽게 되었다. 한번 손에 쥔 책을 놓고 싶지 않았다. 옷도 오래 입으려면 평소에 깨끗하게 관리해야 한다. 책도 오래 읽으려면 평소에 꾸준히 읽는 게 방법이다. 직장인이 직장인인 이유는 매일 출퇴근하기 때문이다. 이 말은 출퇴근만큼은 일정한 시간을 낼 수 있다는 의미이다. 이동하면서 무엇을 할지는 내 의지이다. 예전처럼 남는 것 없이 시간만 보낼지, 같은 눈과 귀를 이용해 하나라도 더 배울지 말이다. 고민할 필요 없었다. 오히려 출퇴근으로 일정한 시간을 활용할 수 있어서 다행이었다. 구속받는 직장인만이 누릴 수 있는 특권(?)이었다. 단, 그 시간을 어떻게 사용하는지에 따라 얻을 수 있는 결과는 하늘과 땅 차이였다.

지하철로 출근할 땐 책을 꺼내 읽었다. 이동하는 시간이 정해져 있듯 읽는 양도 일정했다. 자가용으로 출근할 땐 오디오북을 들었다. 퇴근도 마찬가지다. 약속이 있든 없든 집에 가는 동안 무조건 책을 읽었다. 단, 술을 마신 날은 예외다. 출퇴근 시간이 아니어도 이동 중에는 무조건 책을 읽었다. 없던 외근도 만들어 책 읽는 시간으로 활용했다. 특별한 장소, 정해진 시간에 의식을 치르듯 책을 읽지 않았다. 그렇게 읽어야 했다면 아마 여전히 책을 읽지 않았을 수도 있다. 말 그대로 매일 조금씩 시간이 허락하는 대로 꾸준히 읽기로 마음먹고 실천했기에 제법 많은 양을 읽었다. 일상으로 독서를 끌어들인 덕분에 시간의 중요성도 다시 깨닫게 되었다. 마흔이 넘어서까지, 시간을 제대로 활용할 줄 몰랐던 내가 책을 읽기 시작하면서 내 시간을 내 의지대로 사용하게 되었다.

대면이 일상이 된 요즘도 술자리는 잘 안 가진다. 책을 읽으면서 스스로 왕따를 자처했다. 내가 먼저 연락하지 않으니 나를 찾는 사람도 없다. 한편으로 씁쓸하기도 했지만 어렵지 않게 관계가 정리된 것 같아 다행이다. 줄어든 술자리로 여유가 생긴 시간은 조금 다르게 활용했다. 책을 읽으며 머릿속에 넣는 것도 필요하지만 그보다 더 중요한 건 어떤 아웃풋을 내느냐이다. 읽고 배운 걸 실천하고 내 것을 만들어야 진정한 독서라고 한다. 결과물은 다양하다. 나는 글로 써서 아웃풋을 낸다. 책에서 만난 하나의 주제에 대해 고민하고 생각을 글로 표현했다. 이는 대화할 때 내 생각을 명확하게 표현할 수 있는 효과도 있다. 분량이 많든 적든 매일 쓰려고 했다. 퇴근 후 시간이 여의찮을 땐 출근 전 1시간을 따로 떼어 글 쓰는 시간으로 활용했다. 이런 습관을 갖게 되면서 매일 출퇴근 시간만큼은 내 의지대로 활용하고 있다.

시간은 누구도 차별하지 않는다. 누구에게나 똑같이 주어지지만 사용하는 사람에 따라 가치는 달라진다. 내 시간을 내어 준 만큼 월급으로 보상받는 게 직장인이다. 생계를 위해 직장에서 보내는 시간은 최선을 다해야 한다. 하지만 직장이 나와 가족을 평생 책임져주지 않는다. 쓸모를 다하면 언젠가 스스로 서야 한다. 스스로 서기 위해 자신만의 무기를 만들어야 한다. 무기가 무엇이든 날을 세우기 위해 담금질과 망치질은 필수다. 많이 때릴수록 날은 서기 마련이다. 많이 때리기 위해 시간과 노력이 필요하다. 나는 출퇴근 시간만큼 담금질하기 좋은 시간은 없다고 생각한다. 매일 일정한 시간 꾸준히 반복하면 못 할 게 없다. 그러니 출퇴근 동안 무엇을 할지 고민해봐야 한다. 시간을 채우는 노력은 가만히 얻어지지 않는다. 스스로 계획하고 절제하고 실행하고 다시 계획하는 과정을 반복하며 다듬어야 한다. 그러기 위해 나에게 주어진 시간만큼은 주도적으로 활용할 수 있어야 한다.

'시간이 없다'는 어리석은 변명

"이제 여러분이 공표한 목표를 일 년 동안 실천하고 성취해 가는 겁니다. 그리고 연말, 여러분이 원하는 그곳으로 떠나는 겁니다."

청울림 대표의 이 말과 함께 2019년을 시작했다. 2018년 연말, 청울림 대표는 35명을 선발해 각자가 세운 목표를 일 년 동안 성취해 가는 프로젝트를 하겠다고 발표했다. 수백 명이 지원했다. 나도 세 가지 목표를 세워 지원했다. 300권 읽기, 서평 100편 쓰기, 강연하기였다. 300, 100 낯선 숫자였다. 2018년 한 해 동안 160권을 읽는 데도 정신없었다. 의심은 들었지만, 목표는 무조건 높게 잡아야 한다는 말을 믿어보기로 했다. 직장을 다니며 시도하기엔 쉽지 않은 목표라고 생각했는지 35명 중 한 명이 될 수 있었다. 결과를 장담할 수 없는 도전이었지만, 이 도전은 인생의 전환점이 되었다.

하루는 단조로웠다. 5시에 눈을 뜬다. 양치로 잠을 깨운다. 미지근한 물 한잔으로 속을 달랜다. 간단히 스트레칭하고 책상에 앉는다. 생각을 가다듬는다. 책을 읽는 날도 있고, 글을 쓰는 날도 있다. 6시에 집을 나설 수 있게 출근 준비한다. 지하철에서 다시 책을 꺼내 든다. 자가용을 이용하는 날은 오디오북을 튼다. 8시면 회사 앞에 도착한다. 문 연 카페에 자리를 잡는다. 남은 책을 읽거나 글을 쓴다. 8시 50분이면 회사로 향한다. 점심을 먹고 잠깐 여유가 나면 블로그에 글을 남긴다. 퇴근길 지하철에서 다시 책을 꺼내 든다. 두 번 갈아탈 때 걷는 시간을 제외하고 책을 읽는다. 8시쯤 집에 도착한다. 식사하고 간단히 청소한 뒤 10시쯤 책상에 다시 앉는다. 다이어리에 하루를 기록한다. 간단하게 일기도 쓴다. 잠은 12시 전에 꼭 자려고 했다. 그 사이 책을 편다. 이런 하루는 완벽하진 않았지만 365번 반복하려고 노력했다. 이런 노력의 보상으로 309권을 읽었다.

누구든 시작은 의욕 넘친다. 의욕을 얼마나 오래 유지하느냐가 성공을 결정한다. 현실은 의욕을 꺾는 장애물로 가득하다. 장애물은 여기저기 널렸다. 장애물 때문에 습관을 만드는 데 어려움이 따른다. 21일 66일 100일 습관을 만들 수 있는 기간이다. 적어도 이 기간은 견뎌야 원하는 습관을 만들 수 있다. 시도해 보면 만만치 않은 숫자임을 알 수 있다. 그만큼 장애물이 많다는 의미이다. 나에게도 위기가 찾아왔다. 스멀스멀 나태해지기 시작했다. 어느 새벽 지인의 블로그 글 중 한 문장에 눈이 멈췄다.

"그리고 문득 깨닫는다. 모험을 떠나지 못하게 자신을 가로막는 것은 아무것도 없다는 사실을."

– 류시화, 『좋은지 나쁜지 누가 아는가』

나 자신이 불쌍하단 생각이 들었다. 시도와 실패를 반복했던 지난 모습이 떠올랐다. 하나도 성취하지 못했던 이유가 선명해졌다. 언제나 핑계만 찾았었다. 야근 때문에, 늦잠 자서, 아이들과 놀기 위해. 핑계를 댈수록 하지 않을 이유만 늘어갔다. 그럴수록 '그러면 그렇지.'라고 자책했다. 자책은 포기로 이어졌다. '원래 그런 놈이었는데 이번엔 뭘 기대했던 거야.' 언제나 스스로 한계를 정해 놓았다. 누구도 나에게 결과를 정해주지 않았다. 직장인에게 야근은 당연하다. 그래 봐야 한 달 중 손에 꼽을 만큼이다. 그 정도는 예측하고 대비할 수 있다. 늦잠은 잘 수 있다. 늦은 만큼 부지런 떨면 된다. '내일부터 다시'가 아닌 '오늘은 이렇게'라는 대안이 있어야 했다. 주말을 전부 아이들과 보내지는 않는다. 아이들과 함께 있다는 핑계는 합리화하기에 좋은 핑계였다. 스스로 실패할 수밖에 없는 상황을 만들었다.

이번엔 달라야 했다. 또 똑같은 실수를 반복하면 더는 기회가 없을 것 같았다. 다행히 그동안 다져진 독서 습관으로 극복해 갔다. 매일 반복되는 하루에는 '해야 하는 일'을 위해 정해진 시간이 있다. 직장인에게 직장에서의 시간이 그렇다. 그 외 시간은 자신을 위해 '하고 싶은 일'을 할 수 있는 시간이다. 하고 싶은 일을 할 수 있는 시간을 어떻게 사용할지는 자신의 선택이다. 나는 책을 읽고 글쓰기를 선택했다. 스스로 선택했으니 핑계 대지 않았다. 출근 전 세 시간, 퇴근 후 한 시간을 오롯이 투자했다. 매주 어떤 책을 읽었는지 기록했다. 읽은 책에 대한 간단한 감상도 기록했다. 기록은 내가 어디로 가는지 알려주었다. 그 주에 정해진 권수를 못 채우면 다음 주 더 읽을 수 있도록 시간 할애했다. 서평 100편 대신 블로그에 1일 1 포스팅으로 목표를 수정했다. 포스팅은 다양한 주제를 다뤘다. 읽은 책에 대한 감상, 책을 읽고 드는 생각, 떠오르는 주제에 대한 단상, 일기 등을 썼다. 말 그대로 매일 읽고 매일 쓰면서 기록을 남겼다. 1월 1일부터 시작된 독서와 글쓰기는 12월 31일까지 단 하루도 빠지지 않았다.

핑계를 대는 건 자신의 단점을 알리는 것과 같다. 시간이 부족하다는 핑계는 시간 관리를 못 한다는 것이고, 목표를 이루지 못하면 의지가 부족하다는 것이고, 습관을 만들지 못하면 꾸준함이 없다는 말이다. 핑계를 대면 당장은 편하다. 핑계 뒤에 숨었다가 시작할 수 있을 것 같다. 하지만 생각처럼 되지 않는다. 뇌는 불편한 걸 싫어한다. 습관을 만들기 위한 낯선 행동에 뇌는 거부 반응을 보이고, 핑계로 저항한다. 오히려 핑계 대신 자신의 부족함을 인정하고 즉시 행동을 고쳐보는 건 어떨까? 오늘 계획한 대로 못 했다면 다음 날 일찍 일어나서 못 한 부분을 해내는 것이다. 몸은 피곤하겠지만 적어도 자기 자신에겐 당당해질 수 있다. 남에게 이해를 바라기 위해 핑계를 대기 전에 자기 자신에게 당당해지려 노력한다면 핑계 따위에 비굴해질 일도 없을 테니 말이다.

시간이 없다고 변명하는 나 같은 사람에게 에디슨은 "변명 중에 가장 어리석고 못난 변명은 '시간이 없어서'라는 변명이다."라고 했다. 냉정하게 따져보면 시간이 없지는 않았다. 시간을 허투루 사용했기에 정작 중요한 일을 하지 못했던 게 진실이다. 돈 앞에서 냉정해질 수 있는 사람이 부자가 될 가능성이 있듯, 내 시간을 철저하게 활용할 수 있는 사람이 목표를 이룰 가능성이 크다고 생각한다. 정말 바라는 목표를 이루고 싶다면 적어도 변명이나 핑계는 대지 않는 게 맞지 않을까?

시간을 벌어주는 도구를 활용하라

사람들은 하고 싶은 걸 하지 못할 때 시간이 부족하다는 이유를 댄다. 잠잘 시간도 부족해서 학원 다닐 여유가 안 생기고, 야근이 잦아 가족 볼 기회가 줄고, 모임이 많아 자기 계발할 시간이 없다고 한다. 맞는 말일 수도, 아닐 수도 있다. 정말 시간이 부족해서일까?

18년째 직장 생활했지만, 야근이나 회식을 밥 먹듯 하지 않았다. 운이 좋았다. 남들은 한 달 내내 야근과 회식으로 회사에 매여 산다. 그렇게 살아야 그나마 안정된 삶을 살 수 있는 게 현실이긴 하다. 나는 다행히도 적당히 바쁘고 적당히 규칙적인 직장 생활을 했던 것 같다. 그러나 시간 활용을 못 했다. 야근이 없으면 집에서 TV만 봤고, 회식이 없으면 친구를 만나 술을 마셨고, 주말이면 아이들과 보내기보다 혼자 늘어져 지냈다. 직장에서도 최선을 다하지 않았다. 주어지는 일만 하고, 시간이 남으면 뉴스 검색, 또 시간이 남으면 온라인 쇼핑, 할 일은 제쳐두고 쓸모없는 일에 에너지를 낭비했다. 남는 시간을 버리는 데 익숙했다. 시간 아까운 줄 모르고 낭비하고 살았다. 시간을 낭비한 게 아니라 삶을 낭비해 왔다. 아홉 번 이직하는 동안 제대로 된 경력 하나 갖질 못했고, 바라는 직장도 얻지 못했다. 가족과도 데면데면했다. 낭비한 시간만큼 바라는 삶과도 멀어지고 있었다.

책을 읽으면서 하나씩 달라졌다. 책을 읽을수록 시간이 소중했다. 대중교통을 이용할 때 스마트폰 대신 책을 들었다. 운전할 때 라디오 대신 오디오북을 들었다. 약속 시간까지 멍하니 앉아 있기보다 스마트폰으로 글을 썼다. 직장에 머무르는 시간 외에는 책을 읽고 글을 쓰는 데 활용했다. 저녁 식사를 준비하고, 치우고 정리하는 시간 이외에도 책을 읽고 글을 쓰려고 했다. 방해받지 않고 온전히 내 시간을 갖기 위해 새벽 기상도 했다. 시간과 삶을 낭비하던 내가 시간을 아끼면서 삶도 소중히 다루게 되었다. 이전에는 낭비되는 시간 대부분이 스마트폰에 의해서였다. 지금은 스마트폰이 시간을 아껴주고 있다. 그렇게 모인 시간과 그 시간에 쓴 글이 모인 덕분에 몇 권의 책도 낼 수 있었다.

책을 읽고 난 뒤 생각을 적으면서 배우고 익혔다. 기록을 남기는 방법은 다양하다. 노트에 펜으로 쓰고, 책 여백에 적고, 스마트폰 앱에 기록하고, 나처럼 블로그나 인스타그램에 남긴다. 읽은 내용을 정리하고 생각까지 쓰려면 적지 않은 시간이 필요하다. 항상 손에 들고 있는 스마트폰을 활용해 수시로 기록을 남겼다. 밑줄 친 부분은 사진으로 찍고, 기억할 내용은 메모로 남긴다. SNS에도 틈틈이 글을 쓰고 저장해 놓는다. 화장실에 앉아 있는 동안, 점심밥을 기다리면서, 상사가 자리를 비운 틈을 이용해 수시로 기록을 남겼다. 손에 책이 없을 땐 스마트폰을 들었다. 그때는 주로 글을 썼다. 기록해 놓은 책의 서평을 쓰기도 하고, 메모해 놓은 글감으로 글을 한 편 쓰기도 했다. 스마트폰 카메라 기능, 메모와 SNS 앱이 기록을 도왔다.

출퇴근과 업무로 이동이 잦은 편이다. 주로 내 차를 이용한다. 책을 읽기 전에는 라디오를 들었다. 라디오를 안 들은 지 6년째다. 시중에는 유 · 무료 오디오북 앱이 있다. 밀리의 서재, 리디북스, 교보 e-book 등 유료 앱이 있다. 또 각 시도에서 운영하는 전자도서관과 연계된 '교보문고 전자도서관'은 무료 앱이다. 유료 앱은 말 그대로 전자책을 직접 사서 소장하고 편한 시간에 마음껏 읽을 수 있다. 반대로 무료 앱은 각 지역 도서관에 회원 가입을 먼저 한 후 앱을 내려 받아서 사용하면 된다. 유료 앱보다 선택의 폭은 좁지만 엄선된 책을 무료로 들을 수 있다. 다만 대출 기간 14일, 메모나 복사 기능이 없다는 단점이 있다. 그래도 무료 앱을 활용한 덕분에 한 달 평균 20권 이상을 꾸준히 읽을 수 있었다.

스마트폰은 일상에 빼놓을 수 없을 만큼 깊숙이 자리했다. 은행 대기 시간을 줄였고, 무거운 장바구니를 없앴고, 배우고 싶은 강의를 언제든 들을 수 있게 했다. 다만 지나치면 탈이 생기듯, 스마트폰에 의존할수록 일상을 빼앗기게 된다. 내 또래는 스마트폰이 없던 때부터 일상이 된 지금까지 모두 경험했다. 스마트폰이 없었던 때와 비교하면 분명 장점이 많다. 반대로 스마트폰이 없을 때보다는 오히려 삶의 질을 떨어뜨리는 부분도 있다. 어떤 용도로 사용하느냐에 따라 달라진다. 단순히 재미만 쫓는다면 시간을 낭비하는 꼴이다. 반대로 강의를 듣고 나처럼 책을 읽고 기록하는 등으로 활용하면 시간을 아껴주는 면도 있다.

링컨은 "장작을 패기 위해 8시간이 필요하다면 그중 7시간은 도끼를 가는 데 쓰겠다."라고 말했다. 이 말은 준비의 중요성을 강조한 말이다. 나는 여기에 어떤 도끼를 얼마나 잘 연마하느냐에 따라 일의 능률이 달라질 수 있다고 덧붙이고 싶다. 자신의 체형에 맞고 날이 잘 선 도끼는 분명 장작도 잘 팬다. 키보다 크거나 이빨이 나간 도끼는 아무리 연마해도 제 역할을 못 한다. 스마트폰도 활용도가 무궁무진하다. 누가 어떤 용도로 사용하느냐에 따라 몇 백 퍼센트의 역할을 하게 되고, 반대로 재미만 쫓는다면 전화기나 게임기에 지나지 않을 테니 말이다. 시간이 부족해서 하고 싶은 걸 못 한다면 우선 내 손에 무엇이 들려 있는지부터 보자. 그 손에 들려 있는 거로 무엇을 하고 있는지도 되짚어보자. 어쩌면 '시간이 부족해서'가 아니라 시간을 올바로 활용하지 못하고 있는 건 아닌지 다시 한번 생각해봤으면 한다.

퇴근 후 시간을 점령하라

지금 다니는 직장에 입사하고 얼마 안 돼 사장님과의 문제로 이직을 결심했었다. 결심했지만 실행에 옮기진 못했다. 마흔을 넘긴, 이직 경력이 화려한 구직자를 받아줄 곳이 없을 것 같았다. 또래 친구나 동료 중 직장을 구하지 못해 애를 먹는 이도 간혹 있었다. 그때의 심정은 마치 바람 빠진 풍선처럼 잔뜩 쪼그라들어 있었다. 직장이 맘에 들지 않는다고 받아 줄 곳도 없는 불확실한 상황에 도박할 수 없는 노릇이었다. 마흔이 되기 전 치기로 그랬던 적이 있었다. 뒷일은 생각하지 않고 순간의 감정으로 뛰쳐나갔었다. 그때 깊이 깨달았다. 순간의 치기를 참지 못했을 때

감당해야 할 무게는 한 번으로 족하다는 걸. 어지러운 마음을 책으로 다잡으며 하루하루를 보내고 있었다.

어지럽던 마음을 조금씩 바로잡아 갈 수 있었던 건 단조롭게 반복되던 일상 덕분이었다. 출근 전과 퇴근 후 시간을 위해 회사에 있는 시간을 버텼다. 출근 전까지 매일 새로운 책을 읽고 다른 주제의 글을 쓰는 시간이 좋았다. 퇴근하고 집에 가는 길 또 책을 읽을 수 있어 좋았다. 어쩌다 외근하면 이동 중 책을 읽고 글을 쓸 수 있어 좋았다. 출근 전, 퇴근 후, 외근 중 하고 싶을 걸 할 수 있다는 게 좋았다. 하고 싶은 걸 할 수 있는 건 직장을 다녔기 때문이다. 직장에 다니기에 출근 시간이 있고, 직장에 다니기에 외근을 할 수 있고, 직장에 다니기에 퇴근이 기다려졌다. 욱하고 박차고 나왔으면 이런 일상을 갖지 못했을 거다.

아홉 번 이직하는 동안 일상에 만족하지 못했었다. 어제가 오늘이고 오늘이 내일이었다. 똑같은 일상이지만 그때와 지금의 가장 큰 차이가 무엇일까? 그때는 없었고 지금은 있는 게 하나 있다. 바로 '하고 싶은 일'이다. 18년 동안 몸담아온 직업은 '하고 싶은 일'이 아니었다. 할 수 있는 게 이 일밖에 없어서 해왔던 거다. 새로운 직업을 가져보려는 시도도 못했었다. 당장 불편을 감당할 자신이 없었다. 나 하나로 끝날 불편이 아니었기에 더더욱 용기 내지 못했었다. 어쩌면 그때는 방법을 몰랐던 것 같다. 하나를 끝내고 하나를 시작해야 한다고 단순하게 생각했다. 하고 싶은 걸 찾지 못했으니 방법도 고민하지 않았다. 나만 빼고 다들 나름의 방법을 찾아 잘 가고 있는 것 같았다.

책을 읽기 시작해도 달라지는 건 없었다. 단지 출퇴근 시간 동안 책을 읽는 게 달라진 전부였다. 책을 읽지 않았을 때보다 시간을 의미 있게 사용한다는 데 위안 삼았다. 한 권, 열 권, 백 권 쌓일수록 생각이 조금씩 달라졌다. 책에서 본 타인의 삶과 나를 비교해봤다. 일할 수 있는 직장이 있었다. 한 달은 버틸 생활비도 있었다. 가족이 함께할 수 있는 집도 있었다. 이런 기본적인 것조차 갖지 못한 이들에 비하면 나는 부족하지 않은 삶이었다. 계획만 세우고 끝까지 실천하지 못했던 내가 보였다. 감정을 조절하지 못해 주변 사람을 불편하게 했던 나도 보였다. 주변 환경을 탓하며 합리화했던 나를 알게 되었다. 지나온 시간 나를 있는 그대로 끄집어내니 내가 어떤 사람인지 보이기 시작했다. 그렇다고 누구처럼 극적인 발견을 통해 잘할 수 있는 걸 찾는 기적은 일어나지 않았다. 대신 책을 꾸준히 읽으며 잘못된 부분을 바로잡아보려고 했다. 부끄럽게도 살면서 이런 적이 단 한 번도 없었다. 페인트칠이 벗겨지면 긁어내고 새로 칠

한 게 아니라 벗겨진 그 위에 덧칠했다. 덧칠로 울퉁불퉁해진 면에 아무리 아름다운 색을 칠해도 결국 볼품없어진다. 내가 정말 원하는 게 무엇인지 알려면 있는 그대로 바라볼 수 있어야 했다. 지루하고 불편할 수밖에 없는 시간이다. 그래도 회피하고 싶지 않았다. 적어도 그때만큼은 그러고 싶지 않았다. 만약 다시 피한다면 더는 기회가 없었다. 원하는 답이 찾아지길 기다리기보다 직접 답을 찾기로 했다. 온라인 마켓이 그랬고, 강연이 그랬고, 지금 이 책을 쓰기 위해 꾸준히 글쓰기를 해 온 게 그랬다. 또 관심이 생기면 강의를 듣는 것도 그중 하나였다.

나에게 던지는 질문에 답을 찾기 위해 다양한 시도를 해왔다. 다행히 뒤늦게 시작한 독서와 글쓰기에서 찾을 수 있었다. 책을 읽는 게 직업이 될 수는 없다. 대신 원하는 직업을 찾을 수 있는 질문을 얻을 수는 있다. 글만 써서는 생계를 해결할 수는 없다. 대신 글을 통해 지난 나를 돌아볼 수 있었고, 이를 통해 무얼 좋아하고 잘할 수 있는지 객관적으로 들여다볼 수 있었다. 물론 좋은 글을 쓸 수 있으면 생계도 해결될 수 있을 것이다. 이렇게 해보고 싶은 걸 시도하고, 하고 싶은 걸 찾아가는 과정을 직장을 다니며 이어왔다. 책 읽고 글 쓰는 건 직장에 있는 동안 할 수 없었다. 내 시간을 만들기 위해 우선 직장에 충실해야 했다. 정해진 시간 동안 주어진 일을 완전히 마무리 지어야 퇴근 후 내 시간을 가질 수 있다. 직장을 다니며 시도했던 딴짓이 겉돌던 나를 붙잡아주었다. 감사하게도 직장을 다녔기에 가능했다. 일할 수 있고, 주어진 일을 열심히 해야 비로소 내 시간을 가질 수 있음을 감사했다.

해가 뜰 때 하루를 시작하는 사람, 해가 질 때 하루를 시작하는 사람. 직업에 따라 다르다. 직장인은 퇴근 후 부업을 시작할 수도, 자기 계발에 투자할 수도 있다. 아니면 그저 편히 그날의 피로를 푸는 시간일 수도 있다. 어디에 가치를 두는지는 각자의 몫이다. 다만 무언가 '하고 싶은 일'이 있다면 시간이 없다는 핑계 대신 적어도 퇴근 이후 시간을 활용해 봤으면 좋겠다. 해가 져도 세상은 여전히 돌아가고 있다. 눈을 뜨고 주변을 돌아볼 수 있다면 기회는 어디에든 열려 있다.

시간에 끌려다니지 마라

직장인이 취미를 갖는 이유가 있다. 꿈을 이루기 위해, 일상의 지루함을 잊기 위해, 배우고 익히는 즐거움을 위해, 몸과 마음의 건강을 위해서이다. 이 밖에도 다양한 이유로 취미를 갖는다. 반대로 취미는 갖고 싶지만 일에 치여 마음의 여유가 없다는 이들도 많다. 이 둘의 차이는 무엇일까? 하고 싶은 게 있다, 없다 차이일까? 여러 이유가 있겠지만, 나는 시간 활용이라 생각한다. 취미를 가진 이들이라고 직장 생활이 한가하지 않다. 누구 못지않게 치열하게 살면서 취미뿐 아니라 여러 활동을 한다. 실제로 그들의 일상을 보면 시간이 답인 걸 알 수 있다.

30년 지기 성진이는 프라모델 덕후다. 고등학교 때부터 시작했다. 두 아이를 키우는 지금도 여전히 자신을 위해 취미를 이어오고 있다. 아내의 엄격한 통제(?) 속에서도 용돈을 모아서 미리 주문한 모델을 손에 넣는다. 완성된 제품을 사는 게 아니다. 조립부터 색을 입히는 모든 과정을 거쳐야 비로소 완성된다. 짧게는 며칠, 복잡한 모양은 몇 달이 걸리기도 했다. 입문 단계 때는 조립만으로 완성되는 모델을 샀다. 조금씩 실력이 늘고 배워가면서 직접 색을 입히는 수준에 이르렀다. 컴프레서 에어건 등 색을 입히는 전문 공구도 샀다. 이를 위해 별도의 공간까지 마련했다. 6년 전 강진으로 이사한 성진이는 얼마 전 단독 주택으로 이사를 했다. 이제는 조금 더 넉넉한 자신만의 공간을 마련해 덕업일치를 실천 중이다.

사회에서 만난 동생 유범이는 일벌레다. 한때 같은 직장 같은 부서에서 근무했었다. 부서는 같았지만, 별도로 주어진 업무 때문에 업무량이 많았다. 집도 멀어서 출퇴근에 3시간 이상 걸렸다. 그는 취미로 기타를 친다. 학생 때부터 시작해 연주 실력도, 보유 장비도 수준급이다. 실력이 좋아 장비가 좋은지, 장비가 좋아서 실력이 좋은지는 모르겠다. 그동안 제법 고가의 장비를 모은 덕분(?)에 목돈이 필요할 때 몇몇 장비를 처분해 도움을 받았다고도 했다. 유범이는 혼자만 즐기는 취미가 아니다.

직장인 밴드에 소속돼 매년 정기 공연도 했다. 공연 일정이 잡히면 주말, 주중 틈틈이 모여 합주했다. 직장을 옮긴 지금도 출퇴근에 4시간 이상 걸리지만, 여전히 취미로 기타를 즐기고 있다.

고등학교 동창 원균이는 취미 부자다. 사계절 내내 산으로 강으로 바다로 캠핑 간다. 계절에 따라 카약, 스노클링, MTB, 오토바이를 즐긴다. 그는 야근, 철야, 출장이 잦은 건축 설계를 업으로 한다. 프로젝트 하나를 완성하기까지 밤샘을 밥 먹듯 한다. 불규칙한 생활 탓에 몸무게도 많이 늘었지만, 취미를 대하는 태도는 여전히 날렵하다. 원균이가 다양한 취미를 가진 이유는 일을 더 잘하기 위해서라고 한다. 잘 놀기 위해 열심히 일한다고 했다. 집요한 성격 때문에 취미 하나도 대충하지 않는다. 이론과 실기를 겸비해 완벽히 자신의 것으로 만들어 즐긴다고 했다. 앉아서 하는 일이다 보니 활동적인 취미를 통해 건강도 챙기고 스트레스도 풀고 있다.

나는 여전히 직장을 다니고 있다. 직장을 다니며 책도 쓰고 강연도 하고 모임도 운영 중이다. 한때는 직장을 다니면서도 다양한 활동을 해내는 이들을 부러워했다. 비결이 궁금했다. 그들이 쓴 책을 읽고, 직접 만나고 알게 되었다. 시간이었다. 그들은 시간을 자기 의지대로 사용했다. 새벽 시간을 위해 잠을 줄이고, 정시에 퇴근하기 위해 업무에 집중했고,

자투리 시간을 활용했고, 불필요한 약속을 만들지 않았다. 그렇게 만들어진 시간을 활용해 공부, 강의, 책 쓰고 사람을 만나는 데 사용했다. 나도 그들을 따라 새벽에 일어나고 업무에 집중하고 자투리 시간을 활용하고 약속을 줄였다. 그렇게 만들어진 시간에 책 읽고 글 쓰고 모임을 운영해 오고 있다. 나를 위해 쓸 수 있는 시간이 많아지면서 하고 싶은 일도 찾았고 직장을 다니며 해오고 있다. 한때 동경했던 그들의 삶을 따라 하면서 나도 내 시간을 주도적으로 사용하고 있다.

취미가 직업이 될 수 있는 세상이다. 프라모델 덕후 성진이가 제작 방법을 설명하는 유튜브 동영상을 찍으면 크리에이터가 될 수 있고, 직장인 밴드에서 기타를 치는 유범이가 재능 플랫폼에 등록하면 초보자를 가르칠 수 있고, 취미 부자 원균이는 자신의 일상을 SNS에 공유하며 관련 정보를 제공하는 지식 생산자가 될 수도 있다. 단순히 좋아했던 취미가 또 다른 기회가 될 수 있는 건 투자한 시간이 있었기 때문이다. 그들은 직장을 다니며 자투리 시간을 취미에 투자했다. 매일 조금씩 좋아하는 일을 위해 투자했기에 전문성도 갖게 되었다. 이들을 보면서 시간은 백지와 같다는 생각이 들었다. 자투리 시간이라는 백지에 무엇을 그리느냐에 따라 값을 매길 수 없는 그림이 된다. 인생에 정해진 답이 없듯 자신이 좋아서 그리는 그림 또한 답이 정해져 있지 않다. 중요한 건 그림을 그리는 데 얼마나 많은 시간을 투자하느냐에 따라 그림의 가치 또한 높아진다는 것이다. 자투리 시간을 꾸겨 버리며 사는 건 아닌지 다시 돌아볼 필요가 있다.

직장을 다니며 취미를 갖고 자기 계발하고 투자를 하는 사람이 있다. 직장을 다니며 일만 하고 TV와 스마트폰 잦은 술자리를 갖는 사람도 있다. 당신은 둘 중 어느 쪽인가? 어느 쪽이 더 낫다고 단정 지을 수 없다. 저마다 어디에 가치를 두느냐에 따라 다르기 때문이다. 하지만 둘 중 시간의 가치만 놓고 따져본다면 당신은 어느 쪽에 손을 들겠는가? 나는 당연히 전자이다. 모두에게 똑같이 주어진 시간을 어떻게 사용하느냐에 따라 남들보다 조금 더 나은 삶을 살 수 있는 건 전자이기 때문이다. 이 책을 펼쳤다는 건 이제껏 패자의 시간을 보냈다고 생각한다. 나는 여러분이 앞으로는 승자의 삶을 선택했으면 좋겠다. 단지 시간을 내 편으로 만들면서부터 충분히 가능한 삶일 테니 말이다.

"배우는 길에 있어서는, 이제 그만하자고

끝을 맺을 때가 없는 것이다.

사람은 그 일생을 통하여 배워야 하고,

배우지 않으면 어두운 밤에 길을 걷는 사람처럼

길을 잃고 말 것이다."

태자

성공의 마스터키, 공부

시작이 빠를수록 좋은 게 있다. 어릴 땐 미처 깨닫지 못했다. 미리 알았다면 배움을 게을리하지 않았을 것이다. 더 늦기 전에 공부의 가치를 배우고 실천할 수 있어서 다행이다. 배우지 못한 설움보다 배울 수 있었던 때를 놓친 게 더 큰 후회로 남는다. 이제는 후회 없는 삶을 살자.

공부가 필요한 이유,
지피지기 백전백승

직업을 바꾸는 건 쉬운 일이 아니다. 직장인 5명 중 4명은 지금 직업이 불안해 전직 계획이 있다고 응답한 조사 결과가 있다. 이 말은 기회만 있다면 얼마든 다른 직업을 선택하겠다는 의미이기도 하다. 이런 조사는 제외하더라도 우리는 언젠가 한 번은 직업을 바꿔야 할 때가 온다. 은퇴를 앞두면 누구도 예외가 아니다.

아홉 번 이직하는 동안 18년이 흘렀다. 그동안 직장만 바뀌었을 뿐 직업은 그대로다. 이제껏 같은 일을 했으면 좋아할 법도 한데 여전히 멀기만 하다. 연례행사처럼 이직을 준비할 때면 한편으로 전직도 선택지에 넣었다. 이리저리 기웃거리기만 할 뿐 정작 실행을 못 했다. 언제나 발목을 잡는 질문이 있었다. 생계는? 정말 내가 찾던 일인가? 적응하지 못하면 어떡하지? 걱정만 앞섰다. 용기를 낸 적도 있었다. 공인중개사, 교통사고 조사원 등. 장사해보려고 시험도 보고 가게도 알아봤었다. 시험은 떨어졌고, 장사는 조사만 하다 끝났다. 마흔을 넘기며 조바심도 커졌다. 갑자기 직장을 잃게 되면 대책이 없었다. 불안이 커지면서 감정도 널뛰었다. 모든 게 총체적 난국이었다. 그때 나에게는 직장을 다니면서 다른 일을 해볼 기회가 필요했다.

장사는 많은 준비가 필요하다. 상권 분석, 실내 장식, 메뉴 구성, 상호, 고객층 등 철저한 조사가 선행되어야 한다. 성공은 겉으로 보이는 것보다 이런 준비 과정에서 결정된다. 직업을 바꾸는 것도 새로운 매장을 여는 것과 같다고 생각한다. 직업에 관해 철저히 준비하고 경험해보는 과정을 거쳐야 실패를 줄일 수 있다. 한 가지 문제는 직장을 다니면서 두 가지 일을 한다는 게 쉽지 않다는 점이다. 결론부터 말하면 전혀 불가능한 건 아니다. 마흔셋에 책을 읽기 시작하면서 하나씩 준비한 덕분에 직장을 다니면서 새로운 직업도 갖게 되었다. 물론 그 과정이 만만치는 않았다. 남들보다 일찍 일어나고, 시간을 쪼개고, 주말도 반납하는 노력이 필요했다. 어떤 직업을 원하느냐에 따라 과정도 달라지겠지만, 중요한 건 이전처럼 살아서는 원하는 결과를 얻지 못한다는 것이다. 직장인은 직장을 다니는 것만으로도 하루가 부족하다. 이런 상황에서 다른 일을 시도한다는 건 엄두가 안 난다. 거창하게 시작하면 거창하게 망한다는 말이 있다. 시작은 소박하게, 지금 상태에서 할 수 있는 무언가를 찾아보는 것이다. 아니, 관심을 두는 것부터 시작해도 충분하다고 생각한다. 조금씩 관심을 두기 시작하면 행동도 따라가게 된다. 틈틈이 뉴스를 검색하고, 자료를 찾고 관련 있는 주변 사람과 소통하게 된다.

나는 책을 읽으면서부터 직업에 대해 고민하게 되었다. 책을 읽기 전에는 나이가 들고 은퇴를 준비하려면 어떻게든 다른 직업을 가져야 한다고만 생각했었다. 나에 대한 진지한 고민 없이 막연한 기대로 직업을 고르려고 했다. 다행히 책을 읽으면서 조금씩 천천히 나를 알아가고, 내가 잘하고 오래 할 수 있는 일이 무엇인지 좁혀갔다. 직장을 다니면서 책을 읽는다는 게 만만치 않았다. 하루에 많은 양을 읽기보다 출퇴근 시간 동안 읽을 수 있는 만큼 읽어나갔다. 또 퇴근 후, 업무 중 이동시간에도 책을 읽었다. 책에 관심을 두고 조금씩 읽는 시간을 늘리려 노력하니 낭비하는 시간이 보였다. 뉴스 검색, 쇼핑, 게임, 동영상 시청, TV, 낮잠에 시간을 쓰고 나면 남는 게 없었다. 이런 시간부터 줄여갔다. 버려지는 시간을 내 시간으로 만들면서 책 읽는 분량도 늘어났다. 3~4일에 한 권 읽던 게 이틀에 한 권씩 읽게 되었다. 읽는 책이 많아지면서 내가 무엇을 하고 싶은지도 조금씩 보였다. 읽는 과정을 통해 몰랐던 걸 하나씩 배웠고, 나 자신이 모르는 게 많다는 걸 알수록 더 배우고 싶어졌다. 책을 통해 얻은 걸 내 것으로 만들기 위해 글을 썼다. 읽고 쓰는 과정이 반복되면서 이 자체로 하나의 직업이 될 수 있다는 걸 알았다. 직업으로써 글을 쓰기 위해서 배우는 과정이 필요했다. 다행인 건 직장을 다니면서도 충분히 가능할 것 같았다. 직장을 다니며 책을 읽었고, 거기에 더해 글을 쓰면 됐다. 물론 책만 읽을 때보다 시간이 더 필요했다. 출근 전, 업무 중간 이동 시간, 퇴근 후 읽고 쓰는 시간을 늘려갔다. 시간을 늘려 배우고 익힌 덕분에 조금씩 수익도 생겼다. 부업이 될 만큼 고정 수입이 있는 건 아니지만 내 경험과 글이 가치를 인정받게 되었다는 게 중요했다. 나를 위해 책을 읽고 글을 썼던 시간이 쌓여 남에게 도움이 될 수 있는 내가 되었다.

사회 초년생과 마흔이 넘어 새 직업을 갖는 건 의미가 다르다. 그렇다고 과정이 다른 건 아니다. 처음에는 멋모르고 시작했지만 오랜 시간 반복 숙달한 결과 지금의 자신을 만들었을 것이다. 마찬가지로 이제 다시 새 일을 내 일로 만들기 위해 반복 숙달이 필요하다. 초보자에게 대단한 결과를 바라지 않는다. 수준에 맞는 쉬운 일부터 가르친다. 거창하게 시작하면 거창하게 망한다고 다시 한번 강조한다. 시작은 초라해도 괜찮다. 직장을 다니면서 할 수 있는 초보 수준의 일부터 시작해 보는 것이다. 시작하는 것과 시작하지 않는 건 하늘과 땅 차이이다. 지금 단계에서 시작할 수 있는 것부터 하나씩 하다 보면 경험이 더해지고 실력이 쌓인다. 시간은 모두에게 공평하다. 하지만 노력의 결과는 공평하지 않다. 똑같은 시간 동안 자신이 어떤 노력을 했는지에 따라 결과는 달라진다. 시간이 없다고, 마음의 여유가 없다고, 준비되면 시작하겠다는 핑계 대신 일단 시작해 보는 거다. 두 배로 바쁘고, 네 배로 정신없이 살 수도 있다. 나는 "노력은 배신하지 않는다."라는 말을 믿는다. 여러분도 이 말을 믿는지 모르겠지만 새 일에 도전하고 싶다면 우선 속는 셈 치고 이 말부터 믿었으면 좋겠다. 설령 바라는 결과를 얻지 못해도 그 시간 동안 쌓인 노력의 결과물은 또 다른 출발선에 여러분을 데려다줄 테니 말이다.

공부로 불안을 이겨낸다

자기 계발에 빠져 있었던 적이 있다. 주말이면 강의를 듣기 위해 아침 일찍 집을 나섰고 한밤에 들어가길 수개월 했었다. 아내에겐 무얼 배우러 다니는지도 자세히 말하지 못했다. 말하지 못했던 건 그동안 쌓인 불신으로 색안경 쓰고 볼 것 같아서였다. 차라리 달라진 모습을 보여주는 게 낫다고 판단했다. 몇 개월 두고 보던 아내도 더 못 참겠는지 폭발했다. 몇 번의 말다툼은 그동안의 신뢰에도 금을 만들었다. 이혼을 생각한 아내의 마음을 돌리기 위해 다시 대화를 시작했다. 감정은 빼고 사실만 이야기했다. 조금씩 간격이 좁혀지는 것 같았다. 우리는 각자의 역할과

고충을 이해했다. 이를 계기로 아내에게도 변화가 생겼다. 책을 읽기 시작했다.

아내는 20년 넘게 유치원 교사로 일했다. 이 정도 경력이면 일반 기업에서는 임원이다. 일반 유치원은 이 정도 경력을 정교사 채용하지 않는다. 높은 연봉 때문이다. 아내는 퇴직을 결심했고, 같은 해 교육청에서 주어지는 원감 자격 과정 이수를 끝으로 교사 생활을 마감했다. 그 뒤로 일 년을 전업주부로 보냈다. 둘째가 초등학교에 입학하면서 시간제 보조 교사 자리를 구했다. 2년간 보조 교사로 일하며 틈틈이 책을 읽었다. 아내는 느리지만 꼼꼼하게 읽었다. 그때 아내는 1주일에 한 권씩 읽었고 조금씩 새로운 진로를 탐색했다.

아내는 그동안의 경력을 살릴 수 있는 좀 더 전문적인 일을 갖고 싶어 했다. 여러 책을 읽으며 알게 된 '아동 심리치료'에 관심을 가졌다. 대학원을 다녀야 하는 부담은 있었지만, 그간의 경력을 활용할 수 있는 장점이 있었다. 쉽지 않은 선택이었지만, 나이를 떠나 자기 일을 할 수 있는 장점만 생각하기로 했다. 나는 무조건 찬성했다. 배우는 과정이 녹록지 않겠지만, 멀리 보면 노력해볼 가치가 있다고 힘을 실어줬다. 내 말 때문이었는지, 아니면 도전해볼 가치가 있다고 판단해서였는지 결국 대학원에 지원했고 당당히 합격했다.

나도 퇴직이 얼마 남지 않았다. 퇴직은 인생의 전환점이다. 이제까지 어떻게 살아왔는지보다 앞으로 어떻게 살아야 할지 더 중요해지는 시기이다. 일할 기회도 줄고, 할 수 있는 일도 줄어든다. 경쟁은 더 치열해질 거다. 그렇다고 얼마 되지 않는 연금에 의지한 채 남은 시간을 보낼 수만도 없다. 퇴직 이후는 새로운 '직장'보다 해보고 싶은 '직업'을 가져야 한다고 생각한다. 이왕이면 이전까지의 경험을 살리고, 나이 제한 없고, 일한 만큼 보상이 따르는 그런 직업이면 더 좋을 것 같다. 나는 열 번째 이직을 준비하며 6개월가량 고민의 시간을 가졌었다. 남은 인생을 놓고 보면 6개월은 긴 시간이 아니다. 6개월이 안 걸릴 수도 있다. 남은 시간 어떤 모습으로 살아야 할지 불안하다면 충분히 시간을 두고 고민했으면 한다. 고민을 통해 자신이 무엇을 잘하고, 좋아하는지 알았으면 좋겠다. 그런 고민이 또 다른 배움으로 이어질 수도 있고, 배움을 통해 자신의 새로운 재능을 찾을 수도 있으니 말이다. 중요한 건 배움이 우리 안에 불안을 이겨내게 해줄 가장 좋은 치료제 역할을 한다는 점이다. 나와 아내가 새로운 직업을 위해 매일 책을 읽는 것처럼 말이다.

우리는 정규 교육을 받고 사회에 나온다. 20대에는 사회에 적응하느라 제 역할을 못 찾고, 30대가 되면 능력에 따라 두각을 나타내기 시작하고, 40대가 되면 역량에 따라 격차를 벌리게 된다. 은퇴를 앞둔 50대가 되면 이때까지의 경력은 시들어 가는 꽃처럼 빛이 바랜다. 색이 바랜 우리는 60세에 새로운 출발선에 서게 된다. 은퇴 이후에도 우리는 평균 20년을 더 살아야 한다. 그 기간을 어떻게 보내야 할지 고민해봐야 한다. 대학 입시, 첫 직장, 결혼, 이직 등 인생의 방향을 결정한 선택의 순간이 있었다. 은퇴 이후 어떤 모습으로 살지를 결정할 또 다른 선택의 순간이다. 저마다 살아온 과정은 그 자체로 소중하다. 누군가는 만족스러운 삶이었고, 누군가는 되돌리고 싶지 않을 수 있다. 어떤 삶이었든 과거에 얽매일 필요 없다. 중요한 건 앞으로 어떤 삶을 살고 싶은지를 고민하고 선택하고 행동하는 것이다. 남은 20년이라도 하고 싶은 걸 하며 산다면 그 자체로 의미 있는 삶으로 기억되지 않을까?

대학 입시를 위해 초중고 12년을 공부했다. 취업을 위해 대학은 물론 각종 자격 공부를 했다. 승진을 위해 때마다 공부를 이어갔다. 자기 일의 전문성을 키우기 위해 깊이 있는 공부도 했다. 돌이켜보면 우리는 끊임없이 배움을 이어왔다. 그런 노력 덕분에 자신이 바라는 대로 살 수 있었다. 이제까지 배운 것들은 지금까지의 삶을 위해 나름의 쓸모를 다 했다. 은퇴 이후는 분명 이전과는 다른 삶이다. 다른 삶이라면 그에 맞는 배움이 필요하다. 배움을 놓지 않는다면 이제껏 살아보지 못했던 새로운 삶을 살아볼 기회가 될 수 있을 것이다. 무엇을 배우든 삶은 더 나아질 수 있다.

"소년 시절에 배워두면 장년 시절에 유용하고, 장년 시절에 배워두면 늙어도 쇠하지 아니하며, 늙어서 배워두면 죽어서도 썩어 없어지지 않는다."

– 사토 잇세이

성공으로 가는 지름길

고등학교 2학년 담임 선생님은 임용 후 처음으로 우리를 맡았다. 큰 키와 만화에서 본 듯한 사각 금테 안경, 곧게 뻗은 머리카락이 트레이드마크였다. 전공과목을 가르치는 여섯 분의 선생님 중 막내였다. 신입의 패기였는지 수업 시간은 늘 진지했다. 가끔 우리가 실망스러운 모습을 보이면 일종의 사명감이 발동하셨는지 일장 연설을 했다. 바른 생활에서 나오는 바른말로 우리를 각성시키려고 했다. 나를 비롯한 몇몇 친구들은 그분을 잘 따랐다. 겨울 방학을 앞두고 친구 P가 며칠째 무단결석 중이었다. 가깝게 지내는 친구도 P의 소식을 알지 못했다. 담임 선생님과 친구들은 수업이 끝나고 P가 있을 만한 동네로 찾아 나섰다. 며칠을 수소문한 끝에 천호동 한 술집에서 찾았다. P는 아버지와의 다툼으로 홧김에 집을 나왔다고 했다. 그는 선생님의 설득에도 완고했고 학교도 그만두겠다며 버텼다. 그 뒤에도 선생님의 설득은 며칠간 이어졌다. 선생님의 노력 덕분에 P는 열흘 만에 학교로 돌아왔다. 선생님은 P에게 말을 아꼈다. 그 일이 있고 나서 우리는 담임 선생님을 무한 신뢰하게 되었다. 담임 선생님의 말에는 토를 달지 않았다. 대신 우리가 할 수 있는 모든 반항은 남은 다섯 선생님에게 향했다. 그때 선생님이 보여준 행동은 30년이 지난 요즘도 회자되곤 한다. P도 가끔 그 얘기가 나오면 선생님께 여전히 감사하다고 말한다.

말보다 행동이 신뢰를 만든다. 그때 친구들은 선생님이 보여준 행동을 신뢰했다. 몇몇 친구는 선생님 덕분에 흔들리는 마음을 바로잡을 수 있었다. 뿌리가 단단한 나무는 흔들려도 부러지지 않는다. 우리는 살면서 담임 선생님 같은 멘토를 한 명쯤 마음에 두고 산다. 그런 분은 기억에 떠올리는 것만으로도 힘이 날 수도 있다. 열 번째 이직을 준비하면서 여전히 시행착오를 겪고 있다. 글을 쓰는 게 만만치 않다. 이 길이 맞는지에 대한 불안도 여전하다. 다행히 나보다 앞서 걷는 이들을 따라 걸으며 시행착오와 불안을 줄여가고 있다. 나는 세 명의 멘토를 마음에 담아두고 있다. 그분들의 삶을 곁에서 지켜보며 나 또한 그들처럼 살기 위해 하루에 최선을 다하고 있다.

한 분은 책을 통해 알게 된 『나는 오늘도 경제적 자유를 꿈꾼다』 저자 유대열 대표이다. 온라인에서 '청울림'으로 더 유명한 분이다. 유대열 대표는 10년 넘게 새벽 기상을 이어오고 있다. 39살에 대기업을 그만두고 전업 투자자가 되었다. 그때부터 새벽 기상을 통해 스스로 만든 규율을 지켜오고 있다. 남들보다 이른 시간 하루를 시작하고, 맑은 정신으로 책과 글을 쓰고, 버려지는 시간 없이 하루를 보낸다고 했다. 그런 노력 덕분에 경제적 자유는 물론 더 많은 사람에게 선한 영향력을 전하고 있다. 새벽 기상에는 여러 의미가 있다. 아무에게도 방해받지 않는 시간, 규칙적인 생활 습관, 이기며 시작하는 하루 등. 무엇보다 똑같이 주어지는 24시간을 적어도 자신의 의지대로 사용한다는 데 있다. 매일 같은 시간에 일어나고, 정해진 시간 동안 스스로 정한 목표를 위해 꾸준히 노력함으로써 삶을 주도적으로 살 수 있다. 직장에 얽매이기보다 하고 싶은 일을 찾고 그 일을 위해 시간과 노력을 투자함으로써 더 나은 삶을 살 기회를 새벽 기상을 통해 얻을 수 있다고 했다. 그런 배움 덕분에 나도 6년째 새벽 기상을 이어오고 있다. 5시에 일어나 9시 출근까지 책을 읽고 글을 쓴 덕분에 지금 이렇게 직장인과 작가라는 두 가지 직업을 갖게 되었다.

또 한 분은 질문을 통해 알게 된 분이다. 『고수의 질문법』의 저자 한근태 작가이다. 마흔에 잘 다니던 대기업을 나와 자신이 하고 싶은 일을 시작했고, 여러 차례 시행착오 끝에 경영 혁신 전문가로 거듭날 수 있었다. 그분은 질문의 고수이다. 모든 문제는 올바른 질문에서 시작하라고 한다. 질문이 잘못되면 답도 틀리기 때문이다. 올바른 질문을 던지기 위해 책을 읽고 글을 써야 한다고도 전했다. 수많은 기업은 그분을 통해 변화와 혁신에 대한 통찰을 얻었다. 그분은 메모광이다. 나와 대화할 때도 늘 펜과 메모지를 옆에 두고 수시로 적는다. 늘 배움을 즐기는 덕분에 한 해 평균 10권의 책을 낸다고 했다. 새벽 3시에 하루를 시작한 지 20년이 넘었다. 외부 강연이 없으면 대부분 읽고 쓰면서 보낸다고 했다. 늘 깨어 있는 사고와 배움을 즐기는 그분의 태도를 닮고 싶었다. 내가 직업인으로서 작가, 강연가를 선택한 것도 이분의 삶을 통해서 확신하게 되었기 때문이다.

마지막 한 분은 글쓰기로 이어진 이은대 작가이다. 이분을 표현하는 단어가 몇 개 있다. 파산, 감옥, 막노동, 알코올 중독, 자살이다. 30대 때에는 대기업에서 승승장구하던 직장인이었다. 여세를 몰아 사업을 시작했지만 얼마 못 가서 파산하고 감옥까지 가게 된다. 반전은 감옥에서부터 일어났다. 책을 읽기 시작하면서 삶의 방향이 바뀌었고 글을 쓰면서 새 삶을 시작하게 되었다. 출소 후 막노동하면서도 읽고 쓰기를 멈추지 않았다. 그게 10년 전이었다. 지금까지 7권의 책을 냈고 7년째 매주 4회 이상 강의를 이어오고 있고, 550명이 넘는 출간 작가를 만들어 냈다. 새벽 4시에 하루를 시작하고, 2시간 강의를 위해 20시간을 준비하고, 매년 수백 권의 책을 읽는다. 이분의 일상만 봐도 태도를 바르게 하게 된다. 나는 이분의 삶을 통해 삶을 진지하게 바라보게 되었다. 또 글쓰기를 대하는 태도도 배우고 있다. 작가의 의미를 새기고 작가의 삶을 살 수 있게 나를 이끌어주고 있다.

우리는 주변 사람들에게 영향을 받으며 산다. 자신에게 도움이 되는 이도 있고, 그렇지 않은 이도 있다. 내가 어떤 사람인지 알려면 내가 만나는 다섯 사람을 보면 알 수 있다는 말이 있다. 얼굴을 마주한다고 사람을 만나는 건 아니다. 만나고 싶은 사람이 있다고 쉽게 만날 수 있는 것도 아니다. 그렇다고 방법이 없는 건 아니다. 가장 쉬운 방법이 책을 통해서다. 유대열 대표, 한근태 작가도 처음은 책을 통해 만났다. 책을 통해 사람과 연결되면서 운 좋게 직접 만나게 되었고, 만남을 통해 더 깊이 그들과 소통할 수 있었다. 새로운 직업, 새 삶을 앞두고 있다면 나보다 앞서 걷는 이들을 만나는 건 꼭 필요한 과정이다. 앞서 걷는 이들의 경험을 듣는 건, 내가 가는 길에 두려움을 없애는 방법이기도 하다. 그들의 시행착오를 거울삼아 나의 불안을 이겨내고 실수도 줄일 수 있다. 그러니 롤모델을 갖는 건 어쩌면 내가 꿈꾸는 미래에 더 빨리, 더 안전하게 데려다줄 확실한 지름길이다.

누구나 빛나는 존재다

처음 원고를 쓸 때는 한글 프로그램을 잘 다루지 못했다. 한 권 분량을 쓰고 내용을 수정하면 다음 페이지 시작이 계속 뒤로 밀렸다. 밀리면 다시 앞으로 끌어오길 여러 번 반복했다. 글을 수정하기보다 줄 바꿈을 수정하는 게 더 일이었다. 글쓰기 관련 책을 읽다가 나 같은 불편을 겪는 사람들을 위한 팁 중 하나로 단축키를 알게 되었다. Ctrl + Enter란 다음 페이지의 시작을 고정해주는 단축키다. 쓰고 있는 페이지 분량이 늘어도 다음 페이지로 글자가 밀리는 걸 막아주는 기능이다. 그러니 분량이 늘어나도 페이지 구분이 분명해졌다. 이 기능을 아는 이들에겐 아무것도 아니지만, 나에게는 그간의 불편함을 한 번에 해결해 준 고마운 책이었다.

작은형은 같은 고등학교 2년 선배였다. 형이 도면을 그리면 어깨너머로 배우곤 했다. 그런 선행 학습 덕분에 설계 실습 시간에 친구들은 나를 먼저 찾았다. 솔직히 수준은 거기서 거기였다. 기껏해야 한두 개 더 아는 차이였다. 그래도 그때마다 먼저 찾아주는 게 즐거웠다. 내가 아는 건 속이 시원하게 알려주고, 나도 모르는 건 같이 고민했다. 막힌 게 뚫리는 찰나의 기쁨을 서로 만끽했던 것 같다. 그때는 내가 조금 먼저 배웠던 것뿐이다. 나도 모르는 게 있으면 기꺼이 물었다. 조건 없이 이득을 따지는 때가 아니었다. 고만고만한 수준에 잘나고 못나고 차별하지 않았다. 그저 서로가 아는 걸 나누는 게 당연했던 때였다.

글을 쓰면서 내 글의 가치를 배우게 되었다. '조회 수'와 '좋아요' 숫자가 가치 있는 글의 기준인 줄 알았다. 정작 중요한 건 독자의 공감이었다. 힘들었던 경험, 상처받았던 일, 어려움을 이겨낸 사건에 사람들은 반응했다. 나의 일상과 관심사가 곧 그들의 일상이자 관심사였다. 내 글에 누군가 공감하는 건 필요에 의해서다. 그게 감정일 수도, 정보일 수도, 지혜가 될 수도 있다. 매일 책에서 얻은 내용을 정리해 블로그나 SNS에 공유했다. 반응은 제각각이었다. 감사하는 사람, 읽어보고 싶다는 사람, 더 많은 정보를 원하는 사람. 그들의 반응을 접하면서 내 글의 가치를 이해하게 되었다. 같은 정보를 접해도 해석에 따라 다른 지혜를 얻는다. 그러니 사람마다 나눌 수 있는 게 다를 수밖에 없다고 생각한다. 내 글의 가치를 이해하고부터 나눔은 결국 나를 성장시키는 기회라고 믿게 되었다.

직장인으로 십수 년을 보냈지만 많은 사람 앞에 나선 경험이 없었다. 업무와 관련된 여러 거래처도 대부분 전화로 주고받지, 만날 일은 드물었다. 회의 시간에도 지목받으면 마지못해 한두 마디 하는 게 전부였다. 나서는 것과는 거리가 먼 사람으로 단정했었다. 그랬던 나도 책을 읽으면서 180도 다른 선택을 하게 된다. 강연해보기로 했다. 만만한 일이 아닌 걸 알았지만 막막할 정도는 아니었다. 그동안 책을 읽으면서 얻은 것들을 정리해 알려주기로 했다. 왜 책을 읽게 되었고 어떤 책을 어떻게 읽었고 무엇을 배웠는지 알려주면 도움이 될 것 같았다. 책과 거리를 두고 살았던 나도 책을 가까이하면서 지금 이렇게 달라졌다는 걸 보여주고 싶었다. 그때는 그게 내가 나눌 수 있는 것이었다. 사람 앞에서 말해본 경험이 없던 내가 용기를 낼 수 있었던 건 나누겠다는 마음 때문이었다. 그런 마음으로 두 달 동안 자료를 만들고 발표 연습을 했다. 잘하고 못하고를 떠나 두 시간 동안 준비한 걸 전할 수 있어서 뿌듯했다.

소설가에게 부가세 신고 방법을 물을 수 없다. 세무사에게 스토리텔링을 배울 수도 없다. 10년 이상 한 분야의 일을 하면 전문가라고 한다. 나에게 필요한 지식은 그 분야의 전문가에게 배우는 게 당연하다. 직장을 다니며 같은 일을 10년 이상 해온 우리도 전문가라고 할 수 있다. 영업, 재무, 구매, 기획 등 저마다의 자리에서 실력을 쌓아왔다. 긴 시간 자신의 역량을 발전시키기 위해 밤낮없이 일해왔다. 그런 노력은 그 자체로 가치 있고 인정받아 마땅하다. 한 발 더 나아가 자신이 가진 가치에 가치를 더하는 방법이 하나 있다. 바로 가진 걸 나누는 것이다. 학문은 대개 총론과 각론으로 구성된다. 우리 개개인이 가진 자질은 각론에 해당한다. 각론은 구체적일수록 배우기 수월하다. 직장 생활을 통해 쌓은 역량을 체계적으로 정리하면 그 자체로 각론이 된다. 영업 입문자를 위한 대화 기술, 투 잡 직장인을 위한 부가세 신고 방법, 제값보다 싸게 사는 설득 화법 등 자신만의 비결을 담는 것이다. 배운 걸 나누고, 나누기 위해 다시 배우는 순환은 결국엔 자기 자신을 성장시키는 또 다른 방법이다. 이런 배움의 순환에서 나이는 중요하지 않다. 나누겠다는 마음만 있으면 된다. 콩 한 쪽을 나누겠다는 마음으로 가난을 이겨냈다면, 배움을 나누겠다는 마음은 은퇴 없는 삶을 살 수 있는 최고의 방법이라 생각한다.

"배움의 가치는 인생의 의미와 사회에 쓸모를 다할 때 비로소 빛나며, 그렇지 않은 것들은 인생에 해만 끼치는 오락거리다."라고 톨스토이는 말했다. 살면서 배운 것들을 누군가에게 나누어 준다는 것이 얼마나 가치 있는 행위인지를 말해준다. 시대는 변했다. 공부를 잘하는 사람만이 성공하는 때는 지나고 있다. 오히려 가진 걸 나눌 줄 아는 사람이 더 큰 성공을 할 수 있는 시대이다. 배운 걸 나누는 건 내 인생이 쓸모 있을 뿐더러 나를 통해 배우는 이들의 삶 또한 가치 있게 만들어 준다. 그러니 당당하게 용기를 냈으면 좋겠다. 남들 앞에 서는 부끄러움은 잠깐이다. 오히려 나로 인해 그들의 삶이 조금씩 나아지는 걸 알게 된다면 더 당당해질 필요가 있다. 나의 가치는 내가 만드는 것이다. 내 인생이 더 의미 있는 건 기꺼이 나눌 때이다. 누구나 가진 게 있다. 무엇을 가졌는지보다 가진 걸 어떻게 나누는지를 통해 더 의미 있는 인생을 살 수 있는 시대이다. 이제껏 하나를 배우기 위해 애를 썼다면, 앞으로는 둘로 나누는 데 더 애를 써보는 건 어떨까? 그로 인해 삶의 만족도는 무한대로 불어날 수도 있을 테니 말이다.

모든 성공 뒤에는 시도가 있었다

여러 직장을 옮겼지만 하는 일은 같았다. 직장을 옮길 때면 직업을 바꾸는 것에 대해서도 생각했었다. 하지만 생각만 있었을 뿐 행동으로 옮기진 못했다. 낯선 직업에 대한 불안 같은 게 있었다. 마치 먹어보지 못한 음식에 거부감을 느끼는 것처럼. 다양한 직업을 경험해본 사람이 자기 적성에 맞는 일을 찾을 가능성도 크다. 편식이 건강을 해치듯 한 가지 직업만 가졌던 나 같은 직장인은 은퇴 앞에서 불안해질 수밖에 없다. 골고루 먹는 사람이 건강해지듯, 나에게 맞는 직업도 다양한 경험을 해본 사람이 적성에 맞는 일을 찾을 수도 있다. 더욱이 마흔 넘어 새 직업을 찾는다면, 보다 부담이 적은 과정이 필요해 보인다.

나는 낯선 음식에 손이 안 간다. 어쩔 수 없이 먹어야 하는 게 아니라면 괜한 시도도 안 한다. 남이 사준다면 모를까 내 돈을 내면서까지 그러고 싶지는 않다. 나와는 반대로 무슨 음식이든 가리지 않고 시도하는 이들도 있다. 내 돈이든 남이 사주든 일단 먹어보고 판단한다. 그런 사람은 음식에 대한 편견이 적다. 나는 편식하듯 직업에도 편견이 있었다. 가정을 챙기는 게 먼저이다 보니 새로운 시도 앞에 주저할 수밖에 없었다. 하지만 언제까지 주저할 수만은 없었다. 직장을 벗어나서도 할 수 있는 '내 일'이 필요했다. 책을 통해 다양한 직업을 접해도 그 일이 나와 맞는지는 직접 부딪혀봐야 했다. 그래서 직장을 다니면서 시도할 수 있는 일을 찾았다.

온라인 마켓은 접근이 어려운 줄 알았다. 초기 비용과 물류 시스템을 갖춰야 한다고 알고 있었다. 뒤떨어진 정보였다. 책에서 알려주는 정보는 내 생각과 달랐다. 스마트폰의 확산과 활용도가 높아지면서 쇼핑에도 변화가 왔다. 대형 쇼핑몰은 여전히 굳건했지만, 개개인의 취향까지 반영하지는 못했다. 이런 틈을 노리고 자리 잡은 게 네이버의 '스마트 스토어'다. 스마트 스토어는 판매자에 대한 정의를 새롭게 하고, 팔 수 있는 제품의 문턱을 낮췄다. 한마디로 누구나 무엇이든 팔 수 있는 공간으로 만들었다. 자신이 잘 팔 수 있는 제품이 단 하나여도 마켓을 열 수 있다. 다른 제품보다 저렴하게 공급할 수 있으면 얼마든지 팔 수 있는 구조다. 무엇보다 직장과 병행할 수 있었다. 관련된 몇 권의 책을 읽고, 강의를 들은 뒤 사업자등록을 하고 스마트 스토어에 입점까지 마쳤다. 책과 강의를 통해 배운 대로 판매할 제품과 공급처를 찾았다.

온라인상에는 직접 만든 제품을 공급하거나 중계 역할을 하는 이들이 활발하게 활동했다. 그들은 다양한 판매처를 확보할수록 매출이 는다. 또 그들은 판매에서 그치지 않고 포장과 배송까지 책임져준다. 한마디로 내 마켓에 그들의 제품 정보를 올려놓고 들어오는 주문을 그들에게 보내기만 하면 된다. 내가 할 일은 배송이 제대로 갔는지 확인하고 구매자의 질문에 답하고, 간혹 발생하는 반품을 처리하면 된다. 그러니 물건을 보관할 공간도, 포장에 필요한 물품도, 배송 업체도 필요하지 않았다. 그만큼 시간과 노력을 줄일 수 있다. 그렇다고 누구에게나 원하는 만큼 매출이 발생하는 건 아니다. 여기에는 또 다른 노력이 필요했다.

네이버는 철저히 검색으로 제품 정보가 노출된다. 내가 올린 제품 정보가 검색으로 노출되지 않으면 판매가 이뤄지지 않는 시스템이다. 내가 만든 제품 상세 페이지를 최적화해 검색에 노출되는지가 매출을 결정짓는다. 제법 매출을 올리는 이들은 상세 페이지 작성에 하루 4~5시간씩 투자한다고 했다. 이런 노력은 초기 투자 개념이다. 어느 정도 궤도에 오를 때까지의 지속해야 한다. 말 그대로 놔두면 알아서 매출이 일어나는 시스템이 될 때까지는 수고를 아끼지 않아야 한다. 어떤 성공이든 투자한 시간에 비례해 성과가 나오기 마련이다. 빨리 성과를 내고 싶으면 그만큼 많은 시간을 투자하면 성공 가능성을 앞당길 수 있고, 반대로 시간을 적게 들이는 만큼 성과도 더디게 나온다. 그때 나는 책을 읽고 글을 쓰는 데 더 의미와 가치를 두었다. 그래서 상대적으로 시간을 덜 투자했다. 또 실제로 접해보니 몰랐던 문제, 부족한 역량을 알 수 있었다. 냉정하게 고민해보고 결국 마켓은 포기했다. 일련의 과정을 경험하며 하나의 선택지를 지울 수 있었다.

이연복 요리장은 자신의 조리법을 아무 조건 없이 공개한다. 매출에 영향을 받지 않느냐고 물어보면, "공개해도 따라 하지 못할 걸 알기 때문에 괜찮다."라고 말한다. 정보의 접근성이 낮아지면서 누군가의 '비법'도 어렵지 않게 배울 수 있다. 쉽게 배울 수 있다는 건 시도해 볼 기회가 많아졌다는 의미이다. 이는 하고 싶은 일을 찾을 기회가 많아졌다는 말이기도 하다. 무슨 일이든 경험해보지 않고 자신과 맞는지 알 수 없다. 그렇다고 생계를 제쳐두고 무작정 뛰어들 수도 없는 노릇이다. 눈을 크게 뜨고 주변을 둘러보면 다양한 기회를 찾을 수 있다. 자신의 상황과 관심사에 맞는 일을 선택해 일단 시도해 볼 수 있는 걸 시작해 보는 것이다. 책이나 강의를 들으면 구체적인 실행 방법도 배울 수 있다. 배우고 익히고 실행하는 과정에서 자신과 맞는지도 알 수 있게 된다. 간혹 과정에서 생각하지 못한 가능성을 발견하는 때도 있다. 설령 선택이 틀렸다고 해도 낙담하지 않았으면 한다. 이런 시도를 통해 범위를 좁혀가며 자신이 하고 싶은 일을 찾아가는 기회가 될 테니 말이다.

지식과 경험을 팔 수 있는 세상

콘텐츠는 온라인을 활용해 제공되는 각종 정보나 그 내용물이라고 정의된다. 여기에는 음성, 음향, 이미지, 영상 등 다양한 방식으로 제작해 유통하는 걸 통틀어 말한다. 여기서 주목할 단어는 정보, 다양한 방식, 유통이라고 생각한다. 요즘은 정보를 만들어 내는 주체가 한정되어 있지 않다. 나만의 김치찌개 조리법을 SNS에 올리면 그 자체로 정보가 된다. 기타 치는 방법을 유튜브에 연재해 올려도 콘텐츠가 된다. 인터넷을 기반으로 이미지, 동영상, 텍스트 등을 활용해 만들기에 자연히 온라인에서 유통된다. 그러니 소비자는 온라인에 접속할 수 있는 모두라고 해도 과언이 아니다. 하늘 아래 새로운 게 없다는 말이 있다. 같은 재능도 전달하는 방식이나 깊이에 따라 자기만의 콘텐츠가 될 수 있는 세상이다.

1) 재능 플랫폼

재능 플랫폼은 자신이 가진 역량을 상품화할 수 있는 공간이다. 가령 번역, 편집, 일러스트, PPT, 디자인, 컨설팅, 프로그래밍, 마케팅, 글쓰기 등 다양한 재능을 필요한 사람과 매칭시켜 결과물을 만들어 주는 곳이다. 각종 플랫폼에서 분류한 전문 지식이 있다면 등록 과정을 거쳐 판매자가 될 수 있다. 직장인은 투 잡, 프리랜서는 더 많은 일감을 얻을 기회가 될 수 있다.

알통	https://www.altong.com	헬팡	https://www.helppang.com/
크몽	https://kmong.com/	숨고	https://soomgo.com/
재능아지트	http://www.skillagit.com/	피움마켓	https://pioommarket.com/
재능넷	https://www.jaenung.net/	crebugs	https://www.crebugs.com/
ELANCER	https://www.elancer.co.kr/	LOUD	https://www.loud.kr/
긱몬	https://gigmon.albamon.com/	재능퐁	https://momsworld.co.kr/
STUDY ITH ME	https://studywithme.kr/	위시캣	https://www.wishket.com/
사람인 긱	https://www.saramingig.co.kr/	탤런트 뱅크	https://www.talentbank.co.kr/

2) 강의 플랫폼

강의 플랫폼은 소비자가 원하는 재능을 배울 수 있는 곳이다. 대부분 플랫폼은 재능에 제한을 두지 않는다. 강의 개설 전 소비자 설문을 통해 새로운 강의도 가능하다. 이 말은 누구나 자기만의 재능이 있다면 강의할 수 있다는 의미이다. 특히 코로나19로 인해 비대면 강의가 활성화되면서 향후 시장 규모가 더 커질 것으로 예상된다.

인프런	https://www.inflearn.com/	올티칭	https://www.all-teaching.com/
클래스 101+	https://class101.net/ko	에어클래스	https://www.airklass.com/
패스트캠퍼스	https://fastcampus.co.kr/	원티드	https://www.wanted.co.kr/gigs
탈잉	https://taling.me/	인클	https://incle.co.kr/
세바시대학	https://www.sebasiland.com/	베어유	https://bear-u.com/overview/all
러닝스푼즈	https://learningspoons.com/	솜씨당	https://www.sssd.co.kr/main
스터디파이	https://studypie.co/	코드잇	https://www.codeit.kr/
스파르타코딩	https://spartacodingclub.kr/	MKYU	https://www.mkyu.co.kr/
프립	https://www.frip.co.kr/	클래스유	https://www.classu.co.kr/new

3) 개인 미디어 플랫폼

재능, 강의 플랫폼이 대형 할인점에 입점한 상점이라면, 유튜브, 팟빵과 같은 개인 미디어는 자영업 점포라 할 수 있다. 개인 미디어 특성상 기획, 홍보, 제작 등 모든 과정을 스스로 해내야 한다. 이는 콘텐츠도 다양하게 만들 수 있다는 의미이다. 재능, 강의 플랫폼은 이미 가진 재능을 상품화했다면, 개인 미디어는 새로운 재능을 배우는 과정도 콘텐츠화할 수 있다.

스푼	https://www.spooncast.net/kr	나디오	https://www.nadio.co.kr/
플로	https://www.music-flo.com/	흐름	https://hreum.me/
팟빵	https://www.podbbang.com/	인라이브	https://www.inlive.co.kr/
플링	https://www.plingcast.com/	유튜브	https://www.youtube.com/
아프리카 TV	https://www.afreecatv.com/	트위치	https://www.twitch.tv/
네이버 TV	https://now.naver.com/	카카오 TV	https://tv.kakao.com/
세이캐스트	http://saycast.sayclub.com/	하쿠나 라이브	https://www.hakuna.live/ko
팬더 TV	https://www.pandalive.co.kr/		

태도

흔들리는 나를 잡아 줄 태도의 힘

흔들리며 사는 게 사람이다. 흔들렸을 때 다시 일어설 수 있는 게 사람이다. 누군가 자신을 흔든다고 흔들려 버리면 성장을 기대할 수 없다. 흔들려도 다시 일어서면 성장할 수 있다. 어떤 태도를 선택하느냐에 따라 언제든 다시 일어설 수 있는 사람이 된다.

"사람은 반드시

자기 자신을 아끼는 마음이 있어야만

비로소 자기를 이겨낼 수 있고,

자기 자신을 이겨 낼 수 있어야만

비로소 자신을 완성할 수 있다."

왕양명

내가 행복해지는 선택을 하라

요즘도 로또 명당을 자처하는 가게 앞에는 긴 줄을 볼 수 있다. 그 줄에 서서 로또 사는 이들의 마음을 조금은 이해한다. 개개인의 사정은 다 다르지만 결국 한 방에 모든 문제를 해결하고 싶은 마음은 비슷하다고 생각한다. 간혹 아무 문제없이 로또가 주는 즐거운 상상을 즐기는 이들은 제외다. 생활이 나아져 로또를 그만둔 건 아니다. 그때나 지금이나 월급만으로 벅찬 생활을 이어가는 건 다르지 않다. 다만 그때와 지금 달라진 게 하나 있다면 매일 하고 싶은 걸 해낸다는 것이다. 매일 책을 읽고 글을 쓴다고 돈이 되는 것도 아니다. 책만 읽는다고 돈을 준다면 아마 수천만 원은 벌었다. 중요한 건, 지금 책을 읽는 건 당장 돈을 벌기보다 불안한 노후를 좀 더 안정적으로 맞기 위한 투자다. 기준을 정하기에 다르겠지만 남들보다 빠르다고 생각하지는 않는다. 나보다 앞서고 훨씬 젊은 사람들이 책과 글쓰기를 통해 자신의 브랜드를 만들어 가는 걸 보면 늦은 감도 있다. 다만 나이보다 남들과 차별화할 수 있는 나만의 색을 만들고 꾸준히 해낼 수 있는지가 더 중요하고 생각한다. 이는 빠르고 늦고, 젊고 나이 들고의 문제가 아니다. 하고 싶은 것과 해야 하는 것의 정의를 새롭게 하는 데 답이 있다고 생각한다.

하고 싶은 게 없었던 때는 내일도 불안했다. 직장은 '해야 할 일'이었지 '하고 싶은 일'은 아니었다. 26살부터 시작한 사회생활은 해야 할 일만 있었다. 단 한 번도 하고 싶은 일에 몰입했던 적이 없었다. 처음 사업을 시작했을 때도 뭘 어떻게 해야 할지 몰라 절반 이상을 허송세월로 보냈다. 그러다 야반도주로 폐업했고, 먹고살 문제만 남았다. 지인의 도움으로 직장은 구했지만, 카드빚과 끼니를 해결하려면 해야 할 일이 먼저였다. 먹고사는 문제가 해결되면서 편안해졌고, 편안함은 새로운 문제를 만들고 싶어 하지 않았다. 찰스 핸디는 『코끼리와 벼룩』에서 "앞으로 조직을 떠나 독립 기업가가 되기 위해서는 자신의 힘으로 사물을 분류하고 변화를 도모할 수 있는 능력이 중요해진다."라고 말했다. 월급이 주는 안락함은 이런 변화를 도모할 능력과 생각할 여유를 주지 않는다. 그저 무기력하게 흘러가다 은퇴할 시점이 되면 그제야 무언가 찾으려고 한다. 그땐 이미 늦었다.

하고 싶은 일을 찾고, 해보고 싶은 일을 시도하는 과정도 온전히 내 생각과 의지로 만들어 내는 기회였다. 이런 과정을 거치며 할 수 있는 것과 하지 말아야 할 것도 가려낼 수 있었다. 지금까지 모든 과정의 출발점은 스스로 생각하면서였다. 책이 던지는 질문에 고민하고 답을 찾는 과정을 통해 행동할 수 있는 용기도 얻었고, 실패해도 된다는 위안도 받았고, 다시 시도할 수 있는 격려도 받았다. 성공과 실패, 잘하고 못하고를 떠나 과정을 충실히 준비한 사람이라면 불안도 이겨내고 결과도 만족스러울 수 있을 거로 생각한다.

우리는 삶이 뒤흔들릴 만큼 중대한 문제를 결정해야 할 때가 온다. 결정 앞에 망설여지는 건 누구나 마찬가지다. 차라리 누군가 대신 결정해 주길 바랄 수도 있다. 결정은 결국 두 가지다. 그 일을 '할지', '말지'다. 동전을 던져서 앞면이 나오면 하고, 뒷면이 나오면 안 한다는 것과 같다.

시카고 대학교의 조교수인 스티븐 레빗은 이런 선택의 순간 어떤 결정을 내려야 할까를 주제로 실험했다. 앞서 말한 동전 던지기 방식의 사이트를 만들어 이용자에게 고민을 입력하게 하고 동전의 앞면은 '한다', 뒷면은 '하지 않는다'를 보여줬다. 결과는 흥미로웠다. 사용자의 63퍼센트는 결과대로 행동했다. 이 결과보다 더 중요한 한 가지는, '결정을 내린 이들'은 이후에도 행복감이 지속됐다는 점이다. 이 실험에 담긴 의미는 우리가 결정을 앞두고 '결정할 마음을 먹을 것인가'이다. 즉, 어떤 결정을 내릴지보다 '결정을 할 수 있는지'에 따라 삶의 만족도가 달라질 수 있다는 것이다.

로또를 살지 말지 고민하는 사람보다 로또를 사는 사람이 더 행복하다. 책을 읽을지 말지 고민하는 사람보다 읽는 사람이 더 행복하다. 하고 싶은 일에 도전할지 말지 고민하는 사람보다 결과를 떠나 시도하는 사람이 더 행복하다. 로또를 산다고 일확천금이 떨어지지 않고, 책을 읽는다고 수백억 재산이 생기지 않고, 하고 싶은 일을 시도한다고 당장 탁월한 실력을 얻지 못한다. 하지만 시도함으로써 시도하지 않는 이들보다는 행복한 인생을 살게 될 것이다. 기회는 주어지는 게 아니라 만들어 내는 거라고 했다. 기회는 시도했을 때 생긴다. 시도는 결과를 알 수 없다. 그렇기에 더 주저하게 된다. 주저하면 아무 일도 일어나지 않는다. 시도조차 하지 않았던 나에게는 아무 일도 일어나지 않았고, 지금껏 그저 그런 인생을 살아온 것 같다. 모든 성공의 시작에는 시도가 있었다. 시도가 없는 성공은 결코 없었다. 시도도 노력도 없는 성공은 사전의 단어뿐이다. 그러니 시도를 두려워할 필요 없고, 실패 또한 걱정할 필요 없을 것이다. 행복한 인생도, 성공한 삶도 결국 저마다의 시도에서 출발했을 테니 말이다.

혼자 살 수 없다면 어울려라

첫 직장에서 실직 후 열흘 만에 새로운 직장을 구할 수 있었다. 경력도 부족하고, 대학 졸업장도 없었던 내게 기회를 준 건 대학 동기였다. 동기의 추천과 약간의 도움으로 반 낙하산이 되어 일자리를 얻었다. 10년을 알고 지낸 친구의 조건 없는 도움으로 가능했다. 이후 이어진 아홉 번의 이직을 돌이켜보면 사람 때문에 이직을 결심하기도, 사람 덕분에 새로운 직장을 얻기도 했다. 그 과정에서 사람은 사람을 떠나서는 살 수 없다는 걸 배웠다.

현장과 본사 중 구매업무가 적성에 잘 맞았다. 전문성을 키우기 위해 눈여겨 둔 대기업 구매부에 여러 차례 문을 두드렸다. 몇 번의 실패 끝에 기회가 찾아왔다.

첫날 어색한 분위기 속에서 팀장과 미팅했다. 외모는 날카로웠고 말투는 딱딱했다. 앞으로 어떻게 해 줬으면 좋겠다는 식의 지시를 받고 곧바로 전임자와 인수인계했다. 전임자에게 전해 들은 팀장은 융통성 없는 원칙주의자였다. 이를 확인하는 데 오래 걸리지 않았다. 구매 기안 결재를 올리면 사소한 부분까지 질문을 던진다. 대답을 못 하면 사인하지 않았다. 단순히 자재를 사는 게 아니라 구조부터 시공법, 대체재까지의 고른 이해를 요구했다. 기안을 꾸미는 데 드는 시간보다 공부하는 데 더 많은 시간을 들였다. 이전에 다니던 직장과는 180도 다른 분위기였다. 그래도 이번 기회에 좀 더 전문성을 갖추기 위해 버텨내고 싶었다. 매일 10시까지 야근은 기본이었고 주말까지 근무해야 업무량을 소화할 수 있었다. 한 달 만에 5킬로그램이 빠졌다.

더는 불안한 직장으로 가족까지 불안하게 만들고 싶지 않았다. 하지만 두 달 만에 뛰쳐나갔다. 문제는 생각하지 못했던 곳에서 생겼다. 전임자가 해결하지 않은 문제가 있었다. 인수인계에도 빠졌던 내용이었다. 다른 부서에 협조를 구했지만, 원하는 답은 아니었다. 팀장에게도 상황을 설명했다. 팀장은 원칙대로 처리하라고 했다. 담당자인 내가 해결하라는 의미였다. 틀린 말은 아니었다. 하지만 융통성이 필요해 보였다. 융통성은 권한을 가진 사람에게 있다. 편법이 아닌 편의이다. 팀장은 그마저도 허락지 않았다. 결국, 나는 대안을 찾지 못했다. 며칠을 고민했다. 도움을 주지 않는 팀장이 야속하기까지 했다. 스스로 해결하지 못하는 나 자신에게도 실망했다. 처음 각오는 잊었다. 당장 팀장과 부딪치는 게 불편했다. 생각 끝에 연락도 없이 무단결근했고, 몇 번의 연락도 무시했다. 스팸 같았던 팀장의 문자가 마지막이었다.

시간이 지나 새 직장을 다녀도 이때가 자주 떠올랐다. 원칙주의에 냉정한 팀장의 업무 스타일에 왜 그렇게 적응이 어려웠는지 생각해봤다. 나는 팀장과 반대 성격이다. '적당히'주의였다. 상황과 타협하는 경우가 더 많았다. 업무의 부족한 기본기를 감추기 위해 그 순간만 모면하자는 식이었다. 그게 습관이 되었고, 부족한 기본기를 건드리는 팀장의 질문이 불편할 수밖에 없었다. 어쩌면 이때 부족한 나를 인정하고 개선할 기회로 삼았다면 오히려 더 발전할 수 있는 계기가 될 수도 있었다. 생각이 여기에 미치자 스스로 부끄러웠다. 굴러온 기회를 스스로 차버린 거였다. 뒤늦게 깨달았지만, 기회는 두 번 다시 주어지지 않았다. 그나마 다행인 건 그때의 후회를 본보기로 똑같은 실수를 하지 않으려고 노력했다. 나에게 부족한 부분을 타인과의 관계에서 배웠고 이를 통해 나 자신을 개선해 오고 있다.

"사람들과 교제할 때 다소나마 상대방을 이롭게 해주는 것이 좋다."

– 발타자르 그라시안

살면서 만나는 사람과 모두 좋은 관계를 유지할 수는 없다. 나와 잘 맞는 사람과는 오래 유지될 수 있고, 그렇지 않은 사람과는 관계가 끊어지기도 한다. 사람과 만나고 헤어지는 건 자신의 판단에 따른다. 마찬가지로 상대방에게 배울 점이 있다면 이 또한 자신의 선택에 따른다. 껄끄러운 관계라도 나의 부족한 점을 지적해주고 가르쳐주는 상대라면 기꺼이 받아들여야 한다. 어쩌면 나에게 아무 말 안 하는 사람이 애정이 없고 그런 사람을 멀리하는 게 맞을 수도 있다. 쓴소리를 듣는 그 순간은 불편할 수 있다. 하지만 시선을 조금 멀리 두고 참고 견뎌내면, 쓴 약이 몸에 좋다는 말처럼 자신을 더욱 단단한 사람으로 만들 수 있지 않을까 생각한다. 사람이 사람을 떠나서 살 수 없다면 사람과 잘 지내는 법을 배우는 것도 필요하다. 쓴 약은 입안에 있을 때만 쓰다. 삼키고 나면 아무렇지 않다. 당장은 나를 불편하게 만드는 사람도 결국엔 나에게 도움이 될 수 있는 귀한 존재임을 잊지 않았으면 한다.

내가 통제할 수 있는 것에 집중하라

택시를 탔다. 긴장이 풀리면서 택시 밖 풍경이 눈에 들어왔다. 의문이 들었다. '내가 뭘 잘못했지?', '나를 얼마나 안다고 그러지?', '나를 간 보는 건가?' 별생각이 다 들었다. 절이 싫으면 중이 떠나면 그만이라는 생각이 들었다. 불과 몇 시간 전 이런 결말을 예상할 수 없었다.

입사하고 한 달 반 만에 회식 자리가 마련되었다. 명목은 환영회였다. 장소는 버스도 잘 다니지 않는 한적한 곳에 있는 음식점이었다. 방 하나에 20명 남짓 직원이 모였다. 대표의 인사말과 건배 제의가 이어졌다. 이를 신호로 술잔이 돌기 시작됐다. 직원들이 따라주는 십여 잔을 마신 대표는 슬슬 발동이 걸린 듯했다. 대표가 어떤 사람인지 몰랐다. 나를 옆에 앉혔다. 혀가 꼬인 말로 몇 가지 당부했다. 허리를 꼿꼿이 하고 경청했다. 1절이 끝난 것 같았다. 자리를 옮기다 다시 나를 불러 앉혔다. 말하는 분위기가 180도 달라졌다. 나에 대한 불만을 꺼내놓기 시작했다. 한 달 남짓 겪으며 나를 유심히 본 것 같다. 맞는 말도, 이해할 수 없는 부분도 있었다. 묵묵히 들었다. 이미 무슨 말을 하고 있는지 알까 싶은 정도로 취해 있었다. 똑같은 비난의 말이 무한 반복됐다. 영업 끝나는 시간에 맞춰 자리가 마무리되었다. 내가 참을 수 있는 건 여기까지였다. 비틀대는 대표를 말릴 사이도 없이 다시 여직원을 제외하고 모두 노래방에 모였다. 한마디도 못 하고 따라갔다. 대표는 나를 다시 옆에 앉혔다. 다시 비난의 말이 이어졌다. 2시간 동안 이어진 노래방에서도 주먹을 쥐었다 풀었다 반복했다. 이곳을 나가면 다시는 얼굴 볼 일 없다 다짐했다.

회식할 때 있었던 일을 아내에게 말하지 못했다. 월요일, 아무 일 없었던 것처럼 얼굴 볼 용기가 안 났다. 결국, 핸들을 돌렸고 전화기도 껐다. 이틀 동안 연락받지 않았다. 이틀 만에 아내와 통화했다. 무슨 일이 있었는지 모르는 아내는 내 판단을 믿는다고 해줬다. 사수이자 이 회사에 나를 추천한 임원을 만났다. 그날 어떤 일이 있었는지 그분도 모르는 눈치였다. 내가 겪은 일을 설명했지만, 내 편은 아닌 것 같았다. 뻔한 위로 뒤 적당히 타협하는 게 좋지 않겠냐며 회유했다. 긴 시간 대화와 고민이 이어졌다. 아내와도 오래 대화했다. 결국, 다시 출근하기로 마음을 바꿨다. 사흘 만에 출근했다. 내 사정을 알 리 없는 대표는 덮어주겠단다. 거기에 대고 그날 있었던 일을 꺼내는 것도 웃길 노릇이다. 그렇게 나의 반항은 이유 없이 결근했다가 일자리가 궁해 다시 돌아온 꼴로 마무리되었다.

더 큰 문제는 지금부터였다. 트라우마가 생겼다. 업무 지시받기 위해 마주 앉으면 긴장됐다. 일하는 중간 이름이 불리면 가슴부터 뛰었다. 질문에 답을 제대로 못 했다. 미리 준비해도 옆에만 서면 머리가 하얘졌다. 말을 할수록 목소리가 떨리고 작아졌다. 호흡도 거칠었다. 눈을 마주치지 못했다. 대답을 제대로 못 하니 능력을 의심받았다. 간혹 내 실수에 목소리가 커지면 덩달아 안절부절못했다. 당장 뛰쳐나가고 싶었던 게 한두 번이 아니었다. 이런 악순환은 2년 넘게 이어졌다. 그사이 나는 꾸준히 책을 읽었다. 그때 내가 의지할 수 있는 유일한 게 책이었다.

그 일이 있기 전부터 책은 매일 읽었었다. 책은 간접 경험을 통해 사람을 이해하는 데 도움을 준다. 책을 통해 다양한 성격의 사람을 만나면서 겪어보지 못한 이들에 대해 배울 수 있다. 나도 한편으로 대표와의 불편한 감정에 도움을 받을 수 있길 바라며 꾸준히 읽었다. 그러는 동안 몇 차례 회식 자리를 가졌고 대표가 어떤 사람인지 다른 시각으로 보려고 노력해봤다. 겉으로 보이는 모습만으로 상대방을 판단할 수 없다. 판단 이전에 이해할 수 있길 바랐다. 2년간 두고 본 내 결론은 '그럴 수 있다'였다. 사람마다 기질이 있다고 배웠다. 기질에 따라 인간관계에 장단점으로 작용한다. 같은 말도 표현이 서툰 사람은 상대방에게 오해를 살 수도 있다. 내가 이해한 대표는 그런 사람이었다. 직원과 직원의 가족까지 책임지는 자리여서 누구도 소홀히 대할 수 없다는 게 당신의 경영 철학이었다. 다만 표현이 서툰 것뿐이었다. 내가 내린 결론으로 그동안 마음 한쪽에 내린 닻을 걷어 올리는 게 맞을 것 같았다. 얼마나 더 함께할지 모르지만, 있는 동안은 조금 더 편안해지기로 마음먹었다.

비행기가 연착되는 건 내 의지가 아니다. 세차한 다음 날 비가 오는 것도 내가 통제할 수 없다. 도로 공사로 인해 차가 밀리는 것 또한 두고 볼 수밖에 없다. 내 뜻대로 되지 않는 일에 감정을 쏟아봤자 바뀌는 건 아무것도 없다. 사람을 대하는 것도 마찬가지다. 상대방을 내 뜻대로 내 입맛에 맞게 통제할 수 없다. 그렇게 되지 않는 게 인간이다. 이때 필요한 게 한 발 뒤로 물러나 상황을 객관적으로 보고, 상대방을 있는 그대로 인정하는 것이다. 내가 통제할 수 없음을 인정하면 내가 취할 태도를 결정할 수 있게 된다. 상대방을 통제해 보겠다는 욕심은 자신의 에너지만 낭비할 뿐이다. 그럴 에너지가 있다면 차라리 자신을 위해 쓰는 게 오히려 현명하다. 어쩌면 이런 태도가 스트레스를 줄이는 자신만의 방법이 될 수도 있다.

균형 감각이 삶의 질을 높인다

오케스트라의 악기 구성은 지휘자에게서 멀어질수록 연주자의 숫자가 줄어드는 걸 볼 수 있다. 북과 팀파니 연주자는 대개 1~2명이 자리한다. 연주자 수가 적은 만큼 곡에서 차지하는 비중도 적다. 이들은 도입부나 절정일 때 강렬함을 더해주는 효과가 있다. 비중은 적지만 빠져서는 안 되는 악기이다. 제때 정확한 음을 낼 때 곡의 완성도 또한 높아진다. 직장인의 일상에도 비중은 적지만 필요한 한 가지가 있다. 바로 휴식이다. 일과 삶의 균형을 '워라밸'이라고 부른다. 직장인에게 일이 중요하지만, 그에 못지않게 잘 쉼으로써 삶의 질이 올라간다는 의미이다. 하지만 현실에서 이러한 균형을 맞추는 게 쉽지 않다. 대부분 직장인은 일을 위해 휴식을 희생당하고 사는 게 아닐까 생각한다.

건설업에 몸담은 지 20년째다. 현장과 본사를 오가며 근무했다. 본사는 야근은 하지만 현장보다 출퇴근 시간을 지킬 수 있다. 반대로 현장은 아침 7시 전에 출근하고 저녁 7시 전에 퇴근하는 경우가 드물다. 또 빡빡한 공사 기간 때문에 주말도 없이 일할 때가 많다. 아홉 번 이직하는 동안 현장 근무를 세 번 했다. 세 번 다 정시 퇴근, 주 5일 근무와는 거리가 멀었다. 늦은 퇴근과 주말도 없다 보니 가족과 함께하는 시간도 그만큼 줄었다. 어쩌다 일요일 쉬면 내 몸 챙기는 게 먼저였다. 그러니 워라밸은 남의 일이었다.

현장 근무의 단점 때문에 본사 사무직에 지원했고 지금도 근무 중이다. 출퇴근 시간과 주 5일 근무는 현장 근무보다 나았지만, 그렇다고 업무 강도를 가볍게 볼 건 아니었다. 현장은 몸이 고되다면, 본사는 정신이 털리는 기분이다. 어느 근무가 더 낫다고는 말할 수 없다. 하루 동안 거래처와 임원, 현장에 시달리면 녹초가 되는 건 마찬가지다. 잦은 회식과 야근으로 퇴근 후에도 내 생활을 갖지 못하는 건 현장과 다르지 않았다.

주중에 시달림은 주말에도 영향을 미친다. 이틀을 쉬면 이틀 동안 내 몸만 챙기게 된다. 죽은 듯 이틀을 쉬어도 월요일 출근길이 힘들기는 마찬가지였다.

오케스트라에서 북과 팀파니 숫자가 적어도 존재감을 드러내는 건 제때 소리를 내기 때문이다. 직장인도 제때 알맞은 휴식을 취하면 워라밸이 가능할 수도 있다고 생각하게 되었다. 이때 필요한 게 무엇을, 어떻게 할지이다.

지난 18년 중 13년을 본사에서 근무했다. 워라밸과는 거리가 멀었다가 지금은 일과 일상에 균형을 맞추며 살고 있다. 내가 실천 중인 워라밸은 시간의 양보다 무엇을 하느냐이다. 6년째 한 직장에 다니고 있다. 그 사이 현장과 본사를 오가며 근무했다. 어느 곳에 근무해도 출근 전과 퇴근 후에 꼭 지키는 한 가지가 있다. 책 읽고 글 쓰는 것이다. 본사 근무는 출퇴근 시간이 일정하다 보니 비교적 규칙적으로 읽고 쓰기를 반복할 수 있었다. 많을 때는 4시간, 평균 2시간 이상은 나를 위해 활용했다. 현장 근무를 할 때도 불규칙하고 적은 시간에도 꼭 읽고 쓰기를 지키려고 노력했다. 적으면 30분, 많을 땐 2시간이 나기도 했다. 읽고 쓰는 행위 동안에는 온전히 나에게 집중해야 한다. 짧은 시간이지만 나에게 휴식을 주는 것과 같다. 그 시간을 통해 일상의 여러 문제에 대해서도 고민하고 답을 찾을 수 있었다. 내 문제에 답을 찾다 보니 하고 싶은 일도 찾았고, 가족은 물론 주변 사람과의 관계도 나아졌다.

직장인은 잘살기 위해 일을 한다. 하지만 일을 위해 일상을 희생당하는 사람이 대부분이다. 일을 떼어놓을 수 없다면 일을 위해 알맞은 휴식도 빼놓아서는 안 된다고 생각한다. 빡빡한 일상에 많은 시간을 할애하지 못한다면 더 효율적으로 활용할 필요도 있다. 내가 생각하는 알맞은 휴식은 짧은 시간에도 자신에게 집중할 수 있는 그 무언가이다. 나처럼 책 읽고 글쓰기일 수도 있고, 악기를 배우거나 그림을 그리고 청소하거나 아이들과 노는 시간일 수도 있다. 짧은 시간 오롯이 자신에게 집중하는 시간이 쌓일수록 일상의 가치도 올라갈 것이라고 생각한다. 그 시간이 쌓이면 일을 위해 휴식을 희생하는 게 아닌, 휴식을 위해 기꺼이 일하는 균형 잡힌 일상이 되지 않을까?

워라밸은 '워크'와 '라이프'의 균형을 의미하는 단어이다. 따지고 보면 라이프 안에 일이 포함된다고 할 수 있다. 일을 위해 삶이 있는 게 아니라, 삶을 위해 일을 한다는 게 맞을 것 같다. 하지만 우리는 정반대로 산다. 뒤바뀐 순서가 하루아침에 바뀌지 않을 테다. 순서가 바뀐다고 꼭 원하는 삶이라고도 할 수 없다. 어쩌면 우리에게 필요한 워라밸은 퇴근 후 휴식이 아닌, 일하지 않는 시간에 무엇을 하느냐이다. 하루 중 짧은 시간이라도 내가 좋아하는 걸 함으로써 삶의 질은 올라갈 수 있다. 삶이 만족스러우면 일도 일상의 한 부분으로 받아들이게 되지 않을까? 자연히 만족스러운 삶을 위해 일도 기꺼이 해내게 된다면 이보다 좋은 선순환은 없을 것이다. 물론 쉽지 않다. 하지만 언제까지 일에 쫓기는 일상을 살 수만은 없다. 더 나은 삶을 바란다면 스스로 균형을 잡기 위한 무언가를 꼭 찾았으면 좋겠다. 내가 매일 책을 읽고 글을 쓰면서 워라밸의 균형을 익혀가는 것처럼 말이다.

피할 수 없다면 기꺼이 받아들이자

과거에 사로잡힐 때 우울을 느끼고, 통제할 수 없는 미래를 걱정할 때 불안을 느낀다고 한다. 엄밀히 따지면 우울과 불안은 감정 중 하나이다. 우리가 느끼는 보편적인 감정은 27가지라는 연구 발표가 있다. 이 연구 발표가 있기 전에는 우리의 감정을 크게 기쁨, 슬픔, 분노, 공포, 혐오, 놀람의 여섯 가지로 구분 지었다. 이 여섯 가지 감정을 토대로 복합적인 감정이 발생한다고 생각했었다. 그러나 감탄, 동경, 흥분, 공감, 고통, 불안, 몰입, 안도, 사랑, 만족, 혐오 등 27가지 감정으로 세분화시키며 인간의 보편적 감정으로 이름 붙이게 되었다. 그중 우울과 불안은 일상에도 깊은 영향을 준다. 생각해보면 우울과 불안은 생각에 따라 만들어지는 감정이다. 과거에 무언가 상실했던 기억에 사로잡히면 우울을 불러오고, 당장 일어나지 않은 일을 걱정하면서 불안한 감정을 스스로 만들어 내는 것이다. 우울과 불안을 이겨낼 방법이 없을까? 상호 작용으로 만들어지는 감정이 있지만, 우울과 불안은 스스로 만들어 내는 감정이라고 했다. 그렇다며 해결 방법도 자신 안에서 찾을 수 있지 않을까?

(참고 : 김아라, 『과거가 남긴 우울 미래가 보낸 불안』)

마흔이 넘어가면서 짧은 경력과 볼 것 없는 자격으로 많은 연봉과 안정된 직장을 갖는 게 어려울 것 같았다. 그렇다고 이른 퇴직 후 내 일을 하는 것도 여의치 않았다. 그럴 만한 여력도 깜냥도 부족했다. 남들에 비해 아무런 준비가 안 됐었다. 당장 직장을 잃었을 때 무엇을 할 수 있을지 답이 없었다. 일어나지 않은 일을 생각할수록 불안하기만 했다. 불안할수록 과거를 떠올리게 되었다. 그동안 뭐 했지, 아무 준비도 없이 시간만 보낸 게 후회됐다. 미리부터 준비했다면 이런 불안은 생기지 않았을 거라면서. 그런 생각이 자랄수록 우울해졌다. 남들과 비교하면서 나 자신을 자책했다.

나뿐 아니라 많은 사람이 이런 생각한다. 직장을 다니든 자기 일을 하든 취업을 준비 중이든 말이다. 어느 자리에 있든 현재 자기 모습에 만족하는 사람은 드물 테다. 저마다 불안하고 우울한 이유가 있기 마련이다. 그렇다고 이 두 감정에 사로잡혀 있으면 아무 일도 할 수 없다. 나도 당장 할 수 있는 게 없다는 불안 때문에 우울감만 더 키웠다. 두 감정 때문에 자연스레 술을 가까이했고, 취기로 위안 삼고 싶었던 것 같다. 그래봐야 깨고 나면 다시 현실과 마주하는 악순환이었다.

우울과 불안은 여전히 따라다닌다. 그나마 책을 읽고 글을 쓰면서 덜 자주 느끼고 생각하게 되었다. 책을 읽고 글을 쓰는 그 순간은 우울과 불안의 감정으로부터 멀어질 수 있기 때문이다. 책을 읽을 때 눈에 들어오는 내용에만 집중하고, 글을 쓸 때는 지금 쓰는 내용에만 집중해야 한다. 일종의 훈련인 것 같다. 지금에 집중하는 훈련이다. 우울함이 과거에 사로잡힐 때 드는 감정이고 불안은 미래를 걱정할 때 드는 감정이라고 했다. 그렇다면 과거와 미래를 생각하지 않으면 그런 감정을 느낄 필요가 없어진다는 의미이다. 그때 필요한 게 현재에 집중하는 것이다. 책을 읽고 글을 쓰고 주어진 일을 해내는 순간이다.

지금에 집중하면서 느끼는 감정은 누가 대신해 줄 수 없을 것이다. 오롯이 자신에게 집중하며 극복해내는 방법이 있다면, 타인과의 연결을 통해서도 가능하다고 한다. 심리 상담을 통해 자신을 이해받고 해결 방안을 찾을 수도 있다. 정답을 찾기보다 지금의 나를 있는 그대로 이해받는 것만으로도 변화를 경험할 수 있다고 한다. 내가 느끼는 감정을 있는 그대로 말하고 상대방에게 이해받는 과정을 통해 불안과 우울에서 벗어나게 될 수도 있다. 나도 책을 읽고 글을 쓰면서 같은 활동을 하는 다양한 사람을 만났다. 과거에 붙잡혀 우울을 겪고 책을 읽은 분, 미래의 불안을 극복하기 위해 글을 쓰는 분. 한 분 한 분의 경험을 전해 들으면서 어떤 태도를 보여야 할지 다시 생각하게 되었다.

내가 찾은 답은 '현재'에 집중하는 것이다. 앞서도 책을 읽고 글을 쓰는 행위는 지금에 집중해야 한다고 했다. 일어난 일, 일어나지 않은 일에 마음과 에너지를 주기보다 당장 내 손에 들린 책과 글에 집중하는 것이다. 오늘 읽어낸 책은 성취감을 주고, 오늘 써낸 글은 만족감을 준다. 성취하고 만족감을 느끼면서 불안과 우울에서 조금씩 벗어날 수 있었다. 벗어난다는 의미는 조금 덜 생각하게 된다는 의미이다. 걱정할 시간에 내가 할 수 있는 걸 해내는 것이다. 성취하고 만족하는 시간이 쌓이면서 내가 바라는 내일도 조금씩 모습을 드러내게 될 테니 말이다.

시간이 해결해 준다는 말이 있다. 어쩌면 시간이 아닌 그 시간 동안 자란 우리 스스로 해결책을 찾아가는 건 아닐까 생각한다. 어제의 나보다 오늘의 내가 조금 더 성장하듯이 말이다.

때로는 돌아가는 지혜도 필요하다

바이올린 연주자의 빠른 손놀림이 만들어 내는 음은 긴장감을 준다. 반대로 느린 연주는 긴장이 풀리며 편안한 마음이 들기도 한다. 같은 악기라도 연주자의 손놀림에 따라 곡의 분위기가 달라진다. 음악뿐 아니라 우리 삶도 속도에 영향을 받는다. 철저히 준비하고 시작해야 할 일을 마음만 앞서 그르치기도 하고, 속도가 생명인 일을 여유 부리다 눈앞에서 잃는다. 우리는 속도의 개념을 혼용해 사용하는 것 같다. '빠르게'와 '조급'은 분명 다르다. '빠르게'란 일을 순서에 맞춰 속도감 있게 진행하는 것이고, '조급'은 순서를 건너뛰고 결과만 바라는 걸 말한다. 마흔 넘어 새로운 시작을 준비한다면 '조급'을 경계하는 지혜가 필요해 보인다.

토익 점수를 쫓다가 영어 회화로 방향을 튼 적이 있었다. 토익 점수가 생각처럼 안 올라 대안으로 생각해 낸 게 회화였다. 여섯 번째 직장, 현장 근무할 때였다. 아침 6시 반까지 출근하고 퇴근 시간은 정해져 있지 않았다. 학원에 다닌다는 게 불가능했다. 대신 온라인 수업을 신청했다. 기초부터 시작해 체계적으로 배울 수 있을 것 같았다. 1년 수강료와 교재 포함 60만 원이었다. 할부로 결제했다. 교재를 받은 날부터 수업을 들었다. 기초 수업은 처음 영어를 배울 때 같았다. 주어, 동사, 서술어의 단순한 형태였다. 쉬웠다. 건너뛰었다. 다음 단계부터 난도가 올라갔다. 이제야 공부할 맛이 나는 듯했다. 처음 며칠은 정해진 시간에 들었다. 그것도 잠시, 일에 치이며 수업 들을 시간도 뺏겼다. 매일 조금씩 들으며 진도를 나가는 시스템이었다. 하루를 놓치면 들어야 할 수업도 쌓였다. 며칠 만에 접속하면 안 듣고 건너뛴 수업을 다시 듣는 게 귀찮았다. 건너뛴 수업을 대충 봐도 수준은 고만고만했다. 지나간 건 놔두고 새로운 수업을 이어서 들었다. 매일 못 하게 되면서 조급함이 생겼다. 단계를 건너뛰면서 수업의 난도가 높아지자 따라가질 못했다. 아는 것보다 모르는 게 많아지니 흥미도 떨어졌다. 결국, 3개월도 못 채우고 그만두었다.

6년 전 글을 쓰겠다고 무작정 달려들었다. 글을 어떻게 쓰는지 배운 적이 없었다. 책만 읽다 보니 쓰고 싶다는 생각이 들었다. 나는 책을 첫 장부터 마지막까지 다 읽었다. 알면 아는 대로 모르면 모르는 대로 눈에 보이는 글자는 모조리 읽었다. 글도 그렇게 썼다. 쓰고 싶은 글을 생각나는 대로 한 글자씩 적었다. 적으면서 어떻게 써야 하는지 글쓰기 관련 책을 읽었다. 책에 배운 내용을 하나씩 내 글에 적용하며 연습했다. 직장을 다니면서 활용할 수 있는 시간에 책을 읽고 글을 썼다. 그러니 글을 쓰는 데 시간을 투자할 수 없었다. 매일 아침 2시간 안에 읽고 쓰는 걸 마무리해야 했다. 스스로 정한 분량을 완성하기 위해 책에 배운 방법을 내 것으로 만들었다. 불필요한 조사, 단문 쓰기, 부사 빼기, 같은 의미 다른 표현, 맞춤법, 문장 호응, 주술 관계 등 배운 걸 한 번에 적용하기보다 눈에 보이는 대로 하나씩 고쳐나갔다. 매일 같은 시간 글을 썼다. 한 분야의 전문가가 되기 위한 조건으로 1만 시간의 법칙이 있다. 1만 시간이라는 총량을 채우기 위해 매일 10시간 노력하는 사람과 2시간이라도 투자하는 사람이 걸리는 기간은 다를 수밖에 없다. 이는 서두른다고 될 일이 아니라는 의미이다. 매일 10시간이든, 2시간이든 꾸준히 1만 시간을 채웠을 때만 전문가가 될 수 있다는 말이다. 이전에는 이런 단순한 진리를 깨닫지 못했었다. 책을 읽고 글을 쓰면서 뒤늦게 알았다. 알게 된 만큼 서

두르고 싶지 않았다. 더욱이 남은 인생을 잘 살기 위해서 그러고 싶지 않았다. 배우고 익히는 것도 중요했지만 조급한 마음을 다스리는 게 먼저였다. 눈에 보이는 성과가 없어도 나 스스로 조금씩 나아지고 있다는 믿음을 가졌다. 그 믿음이 조급함에서 멀어지게 했다.

토익 시험을 보고, 영어 회화를 공부한 건 당장 성과를 내고 싶어서였다. 중 · 고등학교 때 배운 얄팍한 실력에 기대 짧은 시간 안에 바라는 결과를 얻고 싶었다. 토익 점수만 있으면 괜찮은 직장을 가질 수 있을 것 같은 환상도 가졌다. 점수가 안 되면 회화 실력이라도 갖추면 새 직장을 얻는 게 수월한 줄 알았다. 목표는 저 높은 곳에 있고 한 발도 떼지 않았다. 마음만 앞서 결과에만 집착했다. 그러니 늘 악순환이었다. 취업도 안 되고, 공부는 공부대로 성과를 내지 못했다. 운동을 시작하면서 배운 게 하나 있다. 근육을 만들기 위해 폐활량을 키워야 한다는 거다. 근육과 폐활량, 관련이 없어 보일 수 있다. 트레이너의 설명을 듣고 이해했다. 근육 운동은 짧은 순간 힘을 집중한다. 힘을 줄 때 호흡을 참고 힘을 뺄 때 호흡을 뱉는다. 무거운 걸 드는 숫자가 늘수록 호흡도 거칠어진다. 숨이 고르지 못하면 금방 지친다. 100미터를 달리고 나면 숨이 차고 힘이 빠지듯, 근육 운동도 마찬가지다. 이때 폐활량이 큰 사람은 피로를 덜 느낀다고 한다. 폐활량은 지구력과 이어진다. 폐활량이 큰 사람이 오래달리기를 잘하는 것과 같은 이치이다. 그래서 나처럼 운동을 시작하는 사람은 근육 운동과 달리기를 함께 하라고 한다. 서서히 폐활량을 늘리면서 근육 운동을 함께 하면 눈에 보이게 체력이 좋아진다는 것이다. 결국, 공부도 건강한 몸을 만드는 것도 어느 하나만 잘해서는 안 되고, 조급해한다고 효과가 나오는 것도 아니다.

마흔여덟, 무언가 시작하는 게 부담스러운 나이이긴 하다. 그렇다고 아무것도 안 할 수도 없는 나이다. 은퇴를 준비하고 새 직업을 탐색해야 한다. 누군가는 등 떠밀려 퇴사해 아무 준비 없이 새 일을 시작한다. 준비가 철저해도 성공하기 힘든 게 현실이라고 한다. 그러니 준비도 없이 시작한 일이 오래 못 가는 게 당연할 수 있다. 나는 이런 현실에서 은퇴를 준비한답시고 책을 읽기 시작했다. 당장 수입이 늘지도, 업무 능력이 좋아지는 것도 아니었다. 성과만 바랐다면 틀린 선택이었다. 하지만 책을 읽을수록, 글을 쓸수록 속도보다 방향이 눈에 들어왔다. 조급함보다 꾸준함이 성과를 내는 지름길임을 알게 되었다. 당장 눈에 보이는 성과는 없어도 보이지 않는 곳에 차곡차곡 쌓아두면 결국 차고 넘쳐 원하는 성과로 이어진다는 것을 알았다. 그래서 작가라는 직업을 가질 수 있었다. 빠른 속도로 정도를 걸으며 바라는 성과를 얻는 것도 괜찮은 인생이다. 어쩌면 많은 사람이 그런 인생을 바랄 수도 있다. 안타깝지만 그런 인생은 드물다. 반대로 느려도 과정을 지키며 매일 꾸준히 성취해 가는 인생도 있다. 사람들은 이런 삶을 사는 이들을 보고 언제 성과가 나오겠냐며 걱정한다. 걱정하는 그들이 못 보는 한 가지가 있다. 그들이 느려 보이기는 해도 언젠가 바라는 목표에 무조건 닿는다는 것이다. 서두르고 조급해서 결과를 얻지 못하는 사람보다, 느려도 꾸준히 걷는 사람은 결국 원하는 걸 손에 넣게 된다. 그러니 느려도 괜찮다. 포기하지만 않으면 된다.

아홉 번 이직으로 깨달은 한 가지

흔들리는 나를 잡아주는 공부

오래 사랑받는 대중가요는 대개 귀에 꽂히는 후렴구가 있다. 후렴구는 곡의 주제가 담긴 핵심부라고 한다. 작곡가는 멜로디, 가사, 반주 악기 등 심혈을 기울인다. 십수 년 지나 다시 들어도 익숙한 후렴구 때문에 그 당시의 추억이 되살아나기도 한다. 그만큼 작곡가의 영감과 노력에 따라 곡의 운명이 달라질 수 있다.

인생에서 가장 빛나는 시기는 사람마다 다르다. 나는 30대가 가장 빛나는 시기라고 생각한다. 1, 20대를 지나 본격적인 사회생활을 시작할 때다. 나름의 가치관으로 목표를 정해 한 발씩 나아가는 시기이다. 중독성 있는 후렴구가 인기곡을 만들 듯, 반복되는 일상을 어떻게 보내느냐에 따라 남은 인생도 달라질 수 있을 것이다.

30대의 나를 되돌아봤다. 그때는 온갖 것이 뒤섞인 서랍 같았다. 잦은 이직으로 이력은 너덜너덜했다. 직장이 불안하니 돈을 모으지도 못했다. 짧게는 6개월, 길어야 1년 남짓 직장을 다닌 탓에 역량을 쌓을 경험도 부족했다. 월급을 못 받은 곳도, 폐업 당한 회사도 있었다. 하고 싶은 일에 도전해 볼 용기도 없었다. 다른 직업을 찾기보다 해왔던 일에서 새 직장만 찾으려 했다. 부족한 경력과 학력 때문에 자기 계발을 놓을 수 없었다. 노력만 할 뿐 이렇다 할 성과는 없었다. 언제나 시작만 할 뿐 마무리 짓지 못했다. 직장인으로 살기는 했지만, 직업을 위해 투자하거나 공부하지 않았다.

만약 그때로 다시 돌아간다면 하고 싶은 한 가지가 있다. 공부이다. 직무에 필요한 공부, 역량을 키울 수 있는 전문 지식, 무엇보다 잘사는 게 무엇인지 공부해보고 싶다. 공부를 통해 반복되는 일상에도 의미를 더하고 싶다. 그때도 읽다가 만 책이 몇 권 있었다. 적어도 책이라도 놓지 않았으면 어땠을까? 아니 어쩌면 책 읽는 것만큼 중요한 공부도 없다는 걸 이제야 알았다.

30대는 직업으로나 개인으로나 큰 변화를 겪는 시기이다. 직장에서는 능력을 입증해 입지를 다져야 하고, 개인으로는 가정을 꾸리기도 한다. 이런 변화에 배움이 필요하기 마련이다. 배우지 않고 역량을 발전시킬 수도, 안정된 가정을 꾸릴 수도 없다. 어쩌면 공부하는 게 당연하다 할 수 있다.

하지만 대부분 30대 일상은 치열하다. 그래서인지 일찍부터 안주하려는 것 같다. 물론 계획대로 하나씩 이루어가는 이들도 분명히 있다. 안주하는 이들은 대개 남들만큼만 살길 바란다. 나도 그때는 그러길 바랐다. 탁월하지 않아도 중간은 하고 싶었다. 아무것도 안 하면서 말이다. 마흔이 넘어 책을 읽기 시작했다. 책을 읽을수록 알게 된 건 내가 모르는 게 많다는 것이다. 그전에는 무엇을 모르는지조차 몰랐다. 다행히 공부하면서 조금씩 알아가는 중이다. 공부가 왜 필요하고 무엇을 공부해야 하는지를. 그리고 일찍 시작하지 못했다는 게 가장 아쉬웠다. 조금이라도 일찍 책을 읽었다면 지금의 후회가 덜했을 것 같다. 주어진 일에 최선을 다하는 것도 인생을 역전시킬 방법일 수 있다. 거기에 필요한 공부를 더하면 그 시기를 조금 더 앞당길 수 있다고도 생각한다. 시기를 앞당기고 싶다면 일찍 시작하는 게 가장 쉬운 방법이다.

누구나 더 나은 삶을 바란다. 특히 30대는 그 시작에 서 있는 때다. 목적지에 먼저 도착하는 두 가지 방법이 있다. 남들보다 일찍 출발하거나 옆 사람보다 더 빨리 달리는 것이다. 옆 사람보다 더 빨리 달리려면 중간에 지치지 않아야 한다. 반대로 일찍 출발한다면 그런 수고를 덜 수도 있다. 둘 중 어느 방법이 더 현명할까? 그렇다. 어떤 목적지이든 먼저 출발한 사람이 유리한 법이다. 다만 앞섰다고 자만하기보다 늘 공부하고 겸손한 자세로 자신의 속도를 유지하는 노력이 필요하다.

30대 때의 나는 남들보다 출발이 늦었었다. 그렇다고 따라잡을 노력도 안 했다. 그렇게 40대를 맞았고 안주하던 일상에 책을 들면서 조금씩 달라지기 시작했다. 그렇다고 남들보다 탁월해진 건 아니다. 적어도 내가 무얼 좋아하고 잘할 수 있는지, 앞으로 무엇을 하고 싶은지 알게 된 정도이다. 공부한 덕분에 말이다. 다시 30대로 돌아갈 수 있다면 무엇보다 책을 읽고 싶다. 지금 알게 된 걸 그때 안다면 아마 다른 선택을 할 수 있을 것 같다. 덜 후회하고 더 용기 내는 그런 삶을 살 수 있지 않을까?

3부

지속

한 발 더 내딛는 게
진정한 승자

지속

1. 어떤 상태가 오래 계속됨. 또는 어떤 상태를 오래 계속함.

운동장 한 바퀴를 겨우 달릴 수 있는 사람에게 마라톤 완주를 기대할 수 없다. 운동장을 매일 달린 사람은 마라톤에 도전할 욕심이 생긴다. 매일 연습을 반복하면서 자신감이 붙었기 때문이다. 어떤 일이든 지속할 수 있으면 더 잘할 수 있다. 실력을 키우는 것도, 자신감을 얻는 것도, 삶의 변화가 일어나는 것도 지속의 결과이다.

끈기

기적을 부르는 기본기

끈기는 모습을 쉽게 드러내지 않는다. 나는 시도는 많았지만, 끝까지 해내지 못했었다. 그래서 끈기가 어떤 모습인지 알지 못했다. 끈기를 갖기 위해 특별한 능력은 필요하지 않다. 그럴 수밖에 없다. 끈기는 숨 쉬는 게 당연한 것처럼 의식하지 않고 반복하는 거다. 목표를 이루기 위해서 쉼 없이 반복하는 게 끈기의 본모습이다.

"내가 너희들에게 내 성공의 비밀을 털어놓겠다.

나의 모든 힘은 끈기 이외에는 아무것도 없다."

루이 파스퇴르

Louis Pasteur

가족을 내 편으로 만들어라

휴식은 모두에게 필요하다. 쉼 없이 일만 한다고 삶의 질이 좋아지지 않는다. 알맞은 노동과 적당한 휴식이 삶의 질을 높여준다. 주말 동안 충분히 쉬어야 다시 일할 활력을 되찾는다. 오롯이 자신을 위해 주말을 보내는 사람도 있고, 가족을 위해, 아이를 위해 또 다른 형태의 노동(?)을 하는 이도 있다. 이 중에는 아무 일도 안 하고 쉬어도 더 피곤한 사람도 있고, 분주하게 무언가 하면서도 피로를 푼 사람도 있다. 이 둘의 차이는 무엇일까? 나는 전자에 해당했었다. 아이들이 놀아달라는 눈빛도 외면하고 혼자 마음껏 쉬었지만, 월요일이면 온몸이 젖은 스펀지처럼 더 힘들었다. 쉬는 게 쉬는 게 아니었다. 하지만 지금은 여러 활동을 하면서도 피로를 풀고 월요병도 나름 극복해냈다.

아내와 나는 활동적인 편이 아니다. 둘이 계획을 세워 여행을 다니지도, 취미가 있는 것도 아니다. 맞벌이다 보니 주말엔 집에서 쉬는 걸 원했다. 그렇다고 어린 두 딸을 집에 둘 수도 없었다. 마지못해 가까운 카페를 찾거나 아이들이 활동할 수 있는 곳을 찾아다닌 정도였다. 막상 가도 함께 즐기기보다 지켜보는 게 전부다. 오며 가며 에너지를 소모하니 피곤에 피로가 더해졌다. 집에서 쉬어도 피로가 풀리는 것도 아니었다. 밀린 집안일 때문에 아내는 아내대로 바빴다. 집안일을 모른 척했던 나는 손 놓고 TV나 스마트폰을 들여다보며 시간만 죽였다. 몸은 편했지만, 아내 눈치를 피할 수 없었다. 그 당시는 외출하면 외출해서 피곤하고, 집에 있어도 피곤하긴 마찬가지였다. 직장 다니는 것 말고는 하고 싶은 게 없었던 때였다. 취미도, 자기 계발도, 공부에도 관심이 없었다. 몸도 마음도 내 의지대로 못 했던 때였다.

직장인의 주중 일과는 도안대로 따라 그리는 것과 같다. 반대로 주말은 백지에 그림을 그리는 것이다. 내가 어떤 그림을 그리느냐에 따라 하루가 달라진다. 그러기 위해 두 가지 규칙을 만들었다.

첫 번째, 일어나는 시간을 일정하게 지킨다. 주말을 온전히 느낄 수 있는 건 늦잠이다. 늦잠을 자야 피로가 풀린다고 생각했었다. 그럴 수도 있고 아닐 수도 있다. 결과적으로 둘 다를 경험해보니 늦잠은 피로 회복에 그다지 도움이 안 됐다. 오히려 규칙적으로 일어나는 게 더 도움이 됐다. 나는 주중에 4시 반, 주말엔 5시에 일어난다. 일어난 뒤 집에서 시간을 보낼 때도 있고, 집에서 나와 근처 카페를 찾기도 한다. 평균 2~3시간을 오롯이 나를 위해 쓴다. 일찍 일어났다는 성취감, 오늘도 하고 싶은 일을 해냈다는 자신감으로 하루를 시작한다. 나 스스로 기분을 끌어올리니 가족을 대할 때도 밝은 모습을 보여줄 수 있다.

두 번째는 남편으로 해야 할 일을 찾아서 한다. 간단한 청소, 빨래 널고 걷기, 주말 점심 준비와 설거지 등을 담당한다. 이 중 시켜서 하는 것도 스스로 하는 것도 있다. 내가 하기 싫은 건 상대방도 싫다. 내가 하면 상대방도 하게 된다. 그렇게 생각하면 집안일을 나눠서 하는 게 당연해진다. 분명 아내 일이 더 많다. 나는 시켜서 하는 게 대부분이지만 아내는 없는 일도 찾아서 하니 말이다. 그러니 적어도 시키는 일이라도 제대로 하는 게 서로의 시간을 벌어주는 것이다. 또 그렇게 할 일 하면 내 시간을 갖는 것도 덜 눈치 보인다.

세 번째는 아이들에게도 각자의 시간을 갖게 하는 것이다. 물론 여기에는 전제가 있다. 부모의 손이 필요한 아이가 있다면 먼 이야기일 수 있다. 우리는 두 딸이 조금씩 부모의 손길이 필요하지 않을 때여서 가능하다. 각자 친구를 만나고 하고 싶은 게 생기면서 혼자 있는 시간이 필요해졌다. 주말 낮 동안 몇 시간씩 각자의 시간을 존중해줌으로써 부모도 혼자 되는 시간을 가지게 되었다.

가족끼리도 각자도생이 필요하다. 여기서 말하는 '각자도생'은 서로의 시간을 존중해준다는 의미이다. 아마 아이들이 어렸다면 이런 생활이 불가능했을 수 있다. 나는 운이 좋게 아이들이 조금씩 자기 시간이 필요한 때이다. 반대로 시간은 있지만 활용하지 못하는 이들도 분명히 있다. 늦잠에 낮잠, TV와 스마트폰이 피로를 풀어주는 유일한 방법이라 믿는 사람들이다. 물론 그런 시간도 피로를 푸는 데 도움은 된다. 그보다 조금 더 생산적으로 시간을 활용하고 싶다면 자신을 위한 시간을 가져보면 어떨까? 새로운 취미를 갖고, 좋아하는 활동을 해보고, 못 가 본 곳을 찾아가 보고, 못 했던 공부를 시작해 보는 것이다. 인간의 뇌는 몸을 움직일 때 더 활성화된다고 한다. 뇌가 활성화되면 창의력도 높아진다. 안 보이던 게 보이고, 놓쳤던 것들에 관심을 두게 된다. 이런 활동을 통해 활기를 되찾는 게 진정한 휴식이지 않을까 생각한다. 내가 활력을 찾으면 이득을 보는 건 가족이다. 이것만큼 가족이 윈윈하는 방법도 드물 것이다.

정상을 밟는 기쁨을 만끽하라

"이루고 싶은 목표가 있으신가요?" 면접을 보면 이런 질문을 받는다. 누군가는 늘 목표가 있어서 임원을 꿈꾸고 내 일을 갖고 싶고 연금을 많이 받는 편안한 노후라고 대답한다. 나는 늘 시원하게 대답한 적이 없었다. 뚜렷한 목표 없이 주어진 시간만 살아냈다. 막연하게 좋은 아빠, 성실한 직장인, 다정한 남편이 되고 싶었다. 타인의 그것과 비교할 필요는 없지만, 구체적인 목표가 없는 나 자신이 초라했었다.

3년 만에 친구 종남이를 만났다. 30년째 이어진 인연이다. 건축을 전공해 건설 관련 직장을 다녔다. 한때는 같은 월급쟁이였다가 어느 순간 길이 달라졌다. 종남이는 하던 일을 살려 사업을 시작했다. 직접 수주하고 현장을 운영하며 회사 규모를 조금씩 키워왔다. 거래처와 신뢰가 쌓이면서 일도 많아지고 덩달아 직원도 늘었다. 매출도 늘면서 생활도 안정되었다. 한편으로 규모가 커지면서 고민도 늘었다. 월급쟁이일 땐 내 가족만 챙기면 됐지만, 지금은 직원과 그 가족까지 책임지는 자리다. 그러니 규모를 더 키워야 할지 유지하며 내실을 다질지 고민이라고 했다. 종남이의 지인 중에도 불황을 이기지 못해 문 닫는 사례를 심심치 않게 보았다면서 말이다. 오래 갈 방법을 찾는 게 쉽지 않다는 고민을 털어놓았다. 그 말을 듣고 지금 종남이가 할 수 있는 게 무엇일지 생각해봤다. 어쩌면 종남이가 할 수 있는 건 정해져 있다. 자신의 자리에서 맡은 바 임무에 최선을 다하고 스스로 정한 목표에 닿을 때까지 꾸준히 해내는 것이다. 지금껏 그래왔기에 자신의 사업체를 이만큼 키우고 또 다른 목표를 세우고 있다고 생각한다.

직장인으로 18년째다. 그동안을 돌아봤다. 목표가 없지는 않았던 것 같다. 다만 목표는 달성했을 때 가치를 갖는다. 아무리 크고 높은 목표를 세워도 이루지 못하면 한낱 공상에 불과하다. 내가 그랬던 것 같다. 이루고 싶은 목표는 끊임없이 세웠지만, 끝까지 해낸 게 없었다. 시도했던 흔적만 남았다. 흔적을 되짚어보면 과정에 충실하지 못했다. 한편으로 크고 원대한 목표를 이루진 못했지만 지금 삶을 살아내기 위한 노력은 해왔다. 월급으로 가정을 책임졌고, 주어진 업무에 충실했고, 친구들과 30년 우정을 지켜냈고, 더 많은 사람을 만나기 위해 조금씩 다가서고 있다. 누군가에겐 그저 그런 목표일 수 있다. 하지만 내 나름대로 꾸준하지 못했다면 이마저도 이루지 못했을 수도 있다. 결국, 매일 성실히 살아낸 덕분에 평범한 일상을 지켜냈다.

어디서든 새로 시작하는 이들에겐 나름의 목표가 있다. 성적, 승진, 매출 등 각자가 바라는 목표는 단계를 밟는다. 신입생은 배우고 익히며 성적을 올리고, 신입사원은 능력을 발휘하며 한 단계씩 올라가고, 사업은 매달 조금씩 매출을 늘리게 된다. 신입생이 박사학위를 딸 수 없고, 신입사원이 임원이 될 수 없고, 사업 시작 첫 달부터 수백억의 이윤을 남기지 못한다. 어떤 목표든 단계를 거쳐 결과물을 손에 쥐게 된다. 간혹 단계를 건너뛸 수도 있다. 운이 따라주는 것이다. 하지만 운도 실력이라고 했다. 한 번의 운이 몇 단계를 건너뛰게 해줄 수는 있지만 정작 본인의 실력이 부족하면 그마저도 모래로 지은 성일 뿐이다. 신입생이 지금 당장 할 건 책을 펴 공부하고, 신입사원이 지금 당장 할 건 지시받은 일을 해내는 거다. 또 사업가가 지금 당장 할 건 한 발이라도 더 뛰는 것이다. 오늘 공부한 내용이 쌓이고, 오늘 해낸 경험이 쌓이고, 오늘 판 물건이 결국 학위로, 승진으로, 매출로 이어질 테니 말이다. 욕심 없는 사람 없다. 목표를 세우면 누구보다 더 잘하고 싶은 게 사람이다. 남들보다 앞서고 싶은 마음을 탓할 수 없다. 남들보다 앞서고 싶지 않은 사람은 없다. 어쩌면 그런 욕심이 자신은 물론 이 사회를 발전시키는 원동력일 수 있다. 하지만 과정을 건너뛴 이들의 결말을 우리는 어렵지 않게 볼 수 있다. 논문을 표절하고, 사내 정치로 줄을 세우고, 부정한 방법으로 매출을 올린 이들이 어떤 길을 걷는지 분명히 봤다.

사람들은 노력한 만큼 성과를 바란다. 노력은 절대적 기준이 없다. 사람마다 상황마다 기준은 달라진다. 만약 성공이나 성과가 쉽게 얻어지는 거라면 노력의 정의가 바뀌어야 한다. 불행히도 노력은 그 실체를 쉽게 드러내지 않는다. 유일하게 실체를 드러내는 순간이 있다. 자신이 정한 목표에 닿기 위해 매일 꾸준히 노력하고 될 때까지 포기하지 않았을 때다. 그렇다고 그 순간이 화려하고 근사한 모습으로 나타나는 건 아닌 것 같다. 자세히 들여다봐야 알 수 있다. 우리가 매일 열심히 살아낸 덕분에 가정을 지키고, 직장을 다니고, 직원에게 월급을 줄 수 있고, 시험 성적이 오르는 기쁨을 맛보는 그 순간이 아닐까?

누군가는 산 정상에 서는 기쁨을 만끽하기 위해 오른다. 다른 누군가는 정상까지 오르는 과정에서 즐거움을 찾는다. 두 경우 다 중간에 포기하지 않았을 때 정상에 선 기쁨과 오르는 과정의 즐거움이 대가로 주어진다. 이는 등산뿐 아니라 인생에도 적용된다. 어떤 목표에 닿기 위해서는 반드시 그에 맞는 노력이 필요하다. 노력은 과정에 충실한 꾸준함이다. 우리 주변에는 늘 꾸준함을 방해하는 것들이 따라다닌다. 회사의 야근, 친구와 술자리, 관계의 불화, 눈과 귀를 자극하는 영상 등. 그래도 자신이 정한 목표를 잃지 않고 끊임없이 정진하는 이들만이 바라는 것을 손에 넣게 된다. 그들은 말한다. 흔들리는 순간에도 목표를 잃지 않으려 노력했고, 포기하고 싶은 순간에 한 번 더 신발 끈을 묶었다고. 목표를 이루는 건 그 모든 순간에도 자신이 무엇을 해야 할지 알고 중심을 잃지 않으며 묵묵히 나아가는 꾸준함에 있다고 말이다.

사소한 차이가 1퍼센트의 삶을 만든다

도서관에서는 2주 동안 7권을 빌려준다. 다 빌리거나 4~5권을 빌리기도 한다. 운전할 땐 오디오북을 듣는다. 출퇴근이나 업무로 이동 중에만 듣다 보니 2~3일에 1권, 일주일에 2~3권을 읽는다. 틈틈이 서점에서 집에 두고 읽을 책은 산다. 한 번에 5권, 적으면 1~2권 산다. 이렇게 빌리고 사서 읽는 책이 한 해 평균 250~300권이다. 한 번은 자주 이용하는 중고 서점 앱에서 한 해 동안 구매한 이력을 분석해줬다. 내가 거주하는 지역 상위 1퍼센트란다. 지금껏 살면서 이런 타이틀을 가져본 적이 없었다. 학교 때 성적은 늘 중간이었다. 연봉도 직장인 평균을 밑돌았다. 등수를 매기는 곳이면 늘 중간 어디쯤 위치했었다. 중간에 머무르는 게 늘 익숙했다. 남들보다 뛰어나야겠다는 욕심도, 그럴 만한 능력도 없었다. 내 분수를 알고 내 수준에 맞는 위치를 지키려고만 했다. 이랬던 내가 달라졌다.

2018년 책을 읽기 시작했고, 6년 동안 꾸준히 읽은 덕분에 독서량만큼은 대한민국 상위 1퍼센트에 든다고 자부한다. 옛 선인들은 책 많이 읽는 걸 자랑하지 말라고 했다. 책을 많이 읽을수록 겸손해지라고 했다. 내 자랑하려고 이 말을 꺼낸 건 아니다. 살면서 한 번이라도 최고가 되기 위해 노력했는지, 바라는 목표에 닿았던 경험이 있는지 묻고 싶어서다. 20대, 뭐든 해낼 것 같은 의욕이 넘쳤고, 위아래로 치이는 30대를 건너, 아랫사람이 많은 40대, 역할이 줄어드는 50대에 이르면 퇴직을 앞둔다. 그러는 동안 일에 치이고 타성에 젖어 이 맛도 저 맛도 아닌 일상을 살게 된다. 할 일이 줄어들면서 서서히 홀로 설 준비를 하면서 말이다. 누군가는 모아 둔 돈으로 장사나 사업을 시작한다. 또 누군가는 새로운 걸 배워 새 직업을 준비한다. 어떤 선택을 하든 결과는 자신의 몫이다. 하지만 이전과 다른 삶을 살고 싶다면 적어도 한 번은 미칠 각오가 필요하다고 생각한다. 나처럼 미친 듯이 책을 읽을 수도, 새 기술을 배우는 데 열정을 쏟을 수도 있다. 하지만 서글프게도 지금껏 한 가지 일만 해오다 보니 머리는 굳고 체력도 따라주지도 않는다. 마음속 열정은 넘치지만, 생각처럼 잘 안 되는 게 현실이다.

그렇다고 현실을 탓하고 핑계 댈 수만 없다. 낯선 도전 앞에서 멈칫하는 건 누구나 마찬가지다. 마흔셋부터 책을 읽은 나도 책 읽는 게 과연 맞는 건지, 무얼 얻을 수 있는지, 시간 낭비만 하는 건 아닌지 의심이 들었다. 그때 만약 의심하고 아무것도 하지 않았다면 지금도 그때와 비슷한 일상을 살고 있었을 것 같다. 하지만 의심은 접어두고 매일 꾸준히 책을 들었다. 뚜렷한 대안이 없을 때라 일단 할 수 있는 것부터 시작하기로 마음먹었다. 나는 책을 들었지만, 여러분은 자신이 원하는 무언가를 손에 쥐면 된다. 그게 무엇이든 그것에 투자하는 시간이 결코 허투루 낭비되는 건 아닐 것이다. 뉴스 검색하고 쇼핑하고 TV 보는 것보다 훨씬 가치 있을 테니 말이다. 무색무취였던 일상에 색색의 물감이 한 방울씩 떨어지면서 서서히 자신의 색을 찾게 된다.

책을 읽으면서 내 색을 찾을 수 있었다. 글을 써본 적 없었지만, 책을 읽은 덕분에 글을 쓸 용기도 냈다. 글을 쓰면서 글로 먹고사는 직업의 매력을 알았다. 낯설었지만 도전해보고 싶었다. 늦은 나이지만 도전을 결심한 이상 남들보다 잘하고 싶었다. 아홉 번 이직하는 동안 흐리멍덩했던 그때의 나로 돌아가고 싶지 않았다. 여기서 다시 그때로 돌아간다면 더는 기대할 게 없었다. 그래서 손에 쥔 책을 더 꽉 움켜쥐었고, 글 쓰는 손가락에도 힘을 주었다. 무게가 실리면 빠질 수 있는 살얼음을 걷는 심정으로 두 발에 균형을 맞추며 매일을 살고 있다. 균형을 잡고 빠지지 않는다면 적어도 목적지에는 닿을 수 있다. 잘하고 못하고는 나중 문제이다. 느리고 넘어지고 다시 일어나길 반복하며 앞으로 나아가다 보면 언젠가 바라는 곳에 닿을 수 있다. 모두가 같은 얼음판 위에서 중심도 못 잡고 서 있다면 그중 한 발이라도 떼는 사람이 그들보다는 앞설 수 있다. 한 발을 떼면 다음 발도 뗄 수 있다. 그렇게 천천히 나아가면 자신이 속한 무리 중 선두에 설 수 있을 것이다. 나이 때문에, 경력이 많아서 열정이 식었다는 핑계 뒤에 숨지 않았으면 한다. 나도 열정과는 거리가 멀었다. 매일 책 한 권씩 읽을 거로 생각지도 못했다. 하지만 그렇게 해냈다. 특별한 비법이 있었던 것도 아니다. 돈을 주고 배운 것도 아니다. 그저 매일 똑같은 일상을 반복하며 내가 해야 하는 것에 집중했을 뿐이다. 시간의 가치를 깨닫고 시간을 아끼고 지금, 이 순간 무엇을 해야 할지 집중하면서 열정도 생기고 꾸준함도 생겼다.

우리는 1등만이 존중받는 환경 속에서 살아왔다. 학교, 직장, 사회의 무리 속에서 1등이 되기 위해 발버둥 쳤다. 말 그대로 1등은 한 명뿐이다. 모두가 나름대로 최선을 다하지만 그중 1등은 단 한 명뿐이다. 나머지는 존재 가치를 의심받는다. 직장인은 모두 은퇴한다. 은퇴 이후의 삶에도 등수는 사라지지 않을 것이다. 하지만 묻고 싶다. 언제까지 타인에게 내 가치를 인정받기 위해 살아야 할까? 내 가치는 스스로 인정해주면 되지 않을까? 등수를 매기는 건 동기 부여가 될 수는 있다. 포기하지 않으려면 꾸준히 동기 부여받고 자극받아야 한다. 이때 상대와 나를 비교하기보다 나 자신과 비교하는 건 어떨까? 일 년 전의, 한 달 전의, 어제의 나와 비교하는 거다. 그때의 나보다 조금이라도 나아졌다면 그게 진정한 성장이 아닐까? 기준을 어디에 두느냐에 따라 1등의 가치는 달라진다. 범위가 넓을수록 가치는 높아지고 범위가 좁으면 그 반대라고 사람들은 생각한다. 나는 생각이 조금 다르다. 굳이 범위를 정하고 가치를 따지며 줄을 세워야 할까? 최선을 다하는 그 자체로 존중받아 마땅하지 않을까? 은퇴 이후의 삶은 분명 이전과 다르다. 낯선 것에 도전해야 하지만 생각처럼 안 될 수도 있다. 마음대로 되지 않는다고 주저앉을 수만도 없다. 경쟁은 도움이 될 수 있지만, 비교는 해악일 뿐이다. 경쟁이 필요하다면 남이 아닌 나 자신과의 경쟁일 것이다. 스스로 정한 기준 안에서 상위

1퍼센트가 되겠다는 노력이면 적어도 어제의 자신보다 1퍼센트는 나아질 수 있다고 믿는다. 1퍼센트의 불씨가 열정이 되어 은퇴 이후의 삶을 타오르게 할 수 있지 않을까?

반복만이 내면의 힘을 키운다

실패를 반복하며 살아왔다. 목표를 이루기 위해 노력은 했지만, 뜻대로 된 게 없었다. 시작만 거창했을 뿐 성과로 이어지지 않았다. 노력을 노력답게 안 했다. 하다가 흐지부지되면 포기해 버렸다. 포기하고 다시 새로운 걸 찾았다. 기적이 일어나길 바랐던 것 같다. 노력하지 않고도 얻어지면 삶이 달라질 수 있다는 헛꿈을 꾸면서 말이다. 과정 없이 결과도 없다는 걸 알면서도 욕심을 부렸다. 나름 노력하니까 적어도 나에게는 기적이 일어나길 바랐다. 뒤늦게 알았다. 기적도 지루하리만치 반복하는 과정을 지켜낸 이들에게 주어진다는 것을.

전화는 언제나 무방비일 때 걸려 온다. 걸려 온 전화 중 별일 아닌 전화는 없다. 하다못해 스마트폰이 알아서 분류해주는 스팸 전화도 그들 나름의 목적을 갖고 통화를 시도하니 말이다. 낯설지 않은 이름이 화면에 떴다. 차 안 스피커로 들리는 목소리를 금방 알아챘다.

"작가님, 오랜만입니다. 잘 지내셨죠? 이거 어쩌지요, 계약한 원고 출간이 힘들 것 같습니다. 코로나 때문에 출판사 사정이 어려워져 부도 직전입니다. 미안하지만 다른 출판사 알아봐야 할 것 같습니다."

2021년 6월 계약서를 쓸 때 만났던 출판사 대표님이었다. 8개월 만에 처음 걸려 온 전화였다. 대표님은 앞뒤 자르고 하고 싶은 말만 했다. 앞뒤까지 챙길 여유가 없는 것 같았다. 단어 몇 개만 선명하게 들렸다. '코로나', '부도', '계약', '다른.' 건널목 빨간불이 파란불로 바뀌며 전화도 끊겼다. 운전대를 잡고 있길 천만다행이다. 운이 좋은지 막힘없이 달렸다. 속도를 낼수록 차선은 선명하게 보였다. 운전에만 집중할 수 있었다. 다음 교차로에 차가 멈췄다. 그제야 정신이 들었다. 첫 책 출간의 꿈은 8개월 만에 깨졌다.

8개월 전 작성한 출간계약서는 보험이었다. 마흔일곱, 은퇴를 준비하기엔 이른 나이지만, 준비 안 하고 있을 수도 없는 나이다. 마흔셋부터 책을 읽기 시작했다. 하루 중 수시로 날아드는 스팸 메시지처럼 시도 때도 없이 읽었다. 읽다 보니 글을 쓰게 됐고, 쓰다 보니 출간 계약까지 하게 됐다. 출간 계약하며 은퇴 준비로 작가만 한 직업이 없다는 걸 알았다. 그래서 출판사 출간 일정에 밀려 1년을 기다려 달라는 부탁에도 기꺼이 믿고 기다렸다. 전화 통화 몇 초 만에 작가의 꿈이 날아갔다. 전화를 끊고 아무 생각 안 들었다. 생각해봤다. 내 탓이 아니었다. 내 잘못도 아니었다. 최근 2년 사이의 일은 누구의 잘못을 탓할 수 없는 상황이었다. 어쩌면 나와 출판사는 또 다른 피해자일 뿐이었다.

보험은 꼭 필요한 순간 빛을 발한다. 적립금이 많을수록 혜택도 많아진다. 매달 내는 보험료는 얼마 아니지만, 꼭 필요한 순간 요긴하게 쓰인다. 적립금을 붓듯 알아주는 사람이 없어도 매일 쓴 글 덕분에 출간 계약까지 할 수 있었다. 비록 출간은 못 했지만 끝난 게 아니었다. 지금의 실패는 성공하는 순간 빛을 발할 것이다. 언제 어디서 무슨 일이 생길지 몰라 보험에 가입하듯, 언제 어디서 누가 나를 찾을 수 있다는 믿음으로 매일 글을 쓰고 있다.

첫 책 계약 이후 두 번째, 세 번째 원고를 계속 썼다. 첫 번째 계약이 좌절됐을 즈음 세 번째 원고가 마무리되었고, 곧바로 퇴고에 들어갔다. 멈출 수 없었다. 책 한 권을 내기 위해 작가를 선택한 게 아니었다. 매일 쓰는 사람이 되기 위해 작가라는 직업을 택했고, 책은 그 과정의 결과물일 뿐이었다. 그러니 계약이 틀어졌다고 좌절하고 손을 놓는 건 작가를 포기하는 거나 다름없었다. 그래서 매일 하던 일상을 반복했다. 두 달여 동안 퇴고를 마무리했고 2022년 5월, 세 번째 원고 『인생을 두 배로 사는 강점 혁명』을 첫 책으로 출간계약을 하게 되었다. 멈추지 않았기에, 매일 같은 일상을 반복했기에 얻은 결과였다.

내가 생각하는 성공은 결과가 아니라 과정이다. 사람들은 성공이라는 결과물에 열광한다. 부동산으로 수백억 자산가가 되고, 주식 투자로 평생 먹고살 부를 갖게 되고, 한 권의 책으로 유명 작가가 된 걸 부러워한다. 수백억 자산을 얻기까지, 주식으로 부를 쌓기까지, 한 권으로 유명 작가가 되기까지 이들의 이면을 보지도 않은 채 무작정 동경한다. 그들에겐 장애물이 있었고, 실패와 좌절의 순간이 있었다. 그들이 장애물을 넘고 실패와 좌절을 극복할 수 있었던 이유는 하나라고 생각한다. 될 때까지 포기하지 않는 것이다. 어쩌면 지금 우리가 보는 그들의 모습도 그들에겐 과정일지 모른다. 우리는 모두 성공을 꿈꾼다. 남들이 부러워하는 성공일 수도 있고, 지난날보다 나은 자신을 만드는 것일 수도 있다.

어떤 모습의 성공이든 과정 없이는 얻어지지 않는다. 매일 반복하고, 될 때까지 지속함으로써 결국 손에 넣게 되는 성공이야말로 자신이 이룰 수 있는 최고의 기적이 아닐까?

열등감이라는 트리거

글을 잘 쓰고 싶었다. 월급을 더 받을 수 있는 건 아니다. 글 쓰는 건 먹고사는 문제다. 남은 평생을 책임져줄 직업이었다. 설렁설렁할 수 없었다. 이전의 나는 중요하지 않았다. 글을 써본 경험도 없었고 타고난 재능도 없었지만 잘하고 싶었다. 오로지 내 선택을 믿으면서 선택이 옳았음을 증명해내야 했다. 증명에는 객관적인 평가가 필요했다. 그래서 블로그를 선택했다. 블로그에 공개되는 글로 평가받을 수 있을 것 같았다. 이왕 시작한 거 잘하고 싶었다. 블로그에 쓰는 글은 소통의 도구였다. 도구를 찾았으면 이제 적합한 주제가 필요했다. 어떤 글을 쓰느냐에 따라 만

나는 사람도 달라진다. 주제는 쉽게 정해지지 않았다. 도움이 필요했다. 강의를 들었다. 강의를 통해 다양한 사람을 만날 수 있었다. 같은 고민을 한 이들과 8주 동안 함께하며 주제를 찾았다.

주제가 쉽게 잡히지 않았다. 주제는 사람들에게 도움을 주는 내용이어야 했다. 고민만 깊어졌다. 함께했던 이들은 주제를 정했다. 다들 근사해 보였다. 나는 못 하는 걸 그들은 어렵지 않게 해내는 것 같았다. 이때부터 비교가 시작되었던 것 같다. 비교는 됐지만 멈출 수는 없었다. 정해진 시간 안에 주어진 과제를 꾸역꾸역해냈다. 완벽하진 않았지만, 책을 읽은 경험과 글을 쓰는 이유를 주제로 정했다. 도구도 손에 쥐고 주제도 정해졌으니 이제 꾸준히 적는 일만 남았다. 블로그는 글의 양과 정보의 정확성에 따라 노출이 정해진다. 이 말은 양질의 글을 꾸준히 올렸을 때 효과를 볼 수 있다는 의미였다. 그래서 매일 글을 올렸다. 2년 동안 하루도 빠지지 않고 글을 올렸다.

노력은 배신하지 않는다고 믿는다. 가끔은 이 말이 틀릴 수도 있다는 의심이 들었다. 2년 동안 매일 블로그에 올렸지만 크게 달라지는 건 없었다. 달라진 건 조회 수, 이웃 수가 늘어난 정도였다. 드러낼 만큼의 성과는 아니었다. 그사이 내가 알던 사람들은 저마다 성과를 내고 있었다. 가족 때문에 힘들었던 이는 행복을 되찾았고, 불행했던 자신의 과거를 돌아보며 책을 읽고 글을 썼던 이는 수십만 원의 원고료를 받을 만큼 성장해 있었고, 홈스쿨링으로 아이를 키우는 과정을 담아 책을 낸 이도 있었다. 그들에 비하면 같은 시간 동안 나에게는 그럴듯한 변화가 없었다. 그럴수록 조바심이 났다. 조바심 때문에 의심이 생겼다. 블로그, 글쓰기, 독서 이런 것들이 내 미래를 책임져 줄 것인지? 매일 글을 쓰면 변화할 수 있는지? 책을 읽으면 이전과 다른 삶을 살 수 있는지? 의심은 의심을 낳았다. 의심은 커졌지만 포기하고 싶지는 않았다. 그동안의 노력이 아까웠다. 지키고 싶었다. 살면서 한 번도 해보지 못한 경험이었다. 무언가 이렇게 긴 시간 꾸준히 해냈다는 건 스스로가 대견했다. 설령 타인과 비교해 보잘것없는 성과가 손에 있었지만, 과정만큼은 소중했다.

"태어날 때부터 열등한 인간도 없고, 태어날 때부터 우수하고 고상한 인간도 없다. 태어난 다음 당자가 어떤 행동을 하는가에 따라 만사가 결정되는 것이다. 그러니까 인간은 스스로 자기를 열등하게 만들고 고상하게도 만든다." 석가모니가 한 말이다. 지금은 과정일 뿐이다. 끝난 경기가 아니다. 그들의 성과 또한 과정에서의 결과물일 뿐이었다. 의심도, 비교도, 실망도 결국 내 감정이 만들어 낸 허상일 뿐이었다. 나에겐 그동안 이어온 꾸준함이라는 성과가 있었다. 나보다 앞서가는 사람이 있다면 나보다 뒤에 오거나, 포기한 이들도 있다. 적어도 그들보다 나는 한 발이라도 앞섰다. 나보다 앞서가는 이들을 보며 다시 힘을 냈다. 그들의 성과를 부러워하기보다 나를 움직이게 하는 동력으로 삼았다. 사람 생김새가 다르듯 각자의 꿈과 목표도 다르다. 내가 갈 곳과 그들이 가는 길은 다르다. 각자의 길을 가면서 서로를 자극하고 격려하는 동료로 받아들였다. 생각을 바꾸니 그들만큼 훌륭한 동기 부여가 없었다. 그들 한 사람 한 사람의 삶은 여느 자기 계발서 못지않았다. 또 그들은 겸손했다. 자신의 성과를 자랑하지 않았다. 자신의 성과는 꾸준한 노력이 가져다준 선물 같은 것이라 했다. 그리고 덧붙였다. 나에게도 그런 꾸준함이 있으니 꼭 바라는 성과를 얻게 될 것이라고. 그들은 '비교'의 대상이 아니었다. 그들에게 '열등감'을 가질 필요도 없었다. 나보다 단지 조금 앞서 걸을 뿐이었다. 같이 걷다가 중간 지점에 먼저 닿았을 뿐, 그 이상 이하도 아니었다. 나도 그들을 따라 걷다 보면 같은 곳에 닿을 것을 알았다. 빠르고 느리고의 문제가 아닌, 하느냐 안 하느냐의 문제이다. 걷기를 멈추면 그만큼 늦어지는 것이었다. 적어도 나는 멈추지는 않았다.

모든 걸 갖추고 태어나는 사람은 없다. 남들보다 빠르다고 완벽해지는 것도 아니다. 느리다고 실패한 삶을 사는 것도 아니다. 사람은 저마다의 속도가 있다. 내가 어떤 속도로 갈지는 자신의 선택에 달렸다. 빨리 갈 수 있으면 빨리 가면 되고, 느리게 가도 포기하지 않겠다면 그렇게 가면 된다. 중요한 건 속도가 아닌 꾸준함이다. 남들보다 과정이 빨라도 결승선에 닿지 못하면 완주하지 못한 것이다. 속도는 느려도 포기하지 않고 결승선에 도착하면 완주한 것이다. 남들이 가는 속도에 자신을 비교할 필요 없다. 비교보다는 존중이 필요하다. 상대방의 성과를 존중하는 태도는 자신을 돌아보게 한다. 자신을 돌아보고 부족한 면을 볼 때 자신을 움직이게 하는 동력도 생긴다. 나의 부족함은 타인과의 비교가 아닌 내 안에서 찾아야 한다. 나의 부족함을 인정하면 채울 수 있는 게 보이고, 그렇지 않으면 허상 같은 비교로 자신을 갉아먹을 뿐이다. 부족함을 인정하는 것도, 쓸모없는 비교만 이어가는 것도 결국 자신의 결정에 따른다. 어떤 태도가 자신을 움직이게 할지는 스스로가 더 잘 알고 있다고 생각한다.

"당신의 운명이 결정되는 순간은

바로 당신이 선택하는 순간이다."

앤서니 라빈스

Anthony Robbins

내가 행복하면 다시 시작할 수 있다

선택하지 않으면 아무 일도 일어나지 않는다. 아무 일 없이 살고 싶으면 아무 선택도 하지 않으면 된다. 선택하지 않았기에 직장 노예로 살아왔다. 책을 선택하고, 글쓰기를 선택하고, 잘못을 바로잡는 선택을 했다. 책은 나를 돌아보게 했고, 글은 내가 무엇을 할 수 있는지 알게 했고, 잘못을 바로잡음으로써 과거와 다른 삶을 선택하게 되었다. 선택들이 이어지면서 이전보다 나은 삶으로 만드는 중이다.

보상, 내가 나를 아끼는 방법

반려견의 잘못된 행동을 바로잡을 때 견주의 손에는 항상 간식이 들려 있다. 견주가 원하는 행동을 했을 때 즉시 보상을 주면 같은 행동을 반복하려고 한다. 이를 통해 잘못된 행동을 바로잡는다. 보상은 '행위를 촉진하기 위해 사람이나 동물에게 주는 물질이나 칭찬'이라는 뜻이다. 사람도 보상을 통해 원하는 행위를 꾸준히 반복할 수 있게 된다. 이를 통해 습관을 만들 수도 있다. 좋은 습관이든 나쁜 습관이든 습관이 만들어지는 과정에는 보상이 반드시 따라오게 된다. 바꿔 말하면 보상을 적절히 활용하면 원하는 습관을 갖게 된다는 의미이기도 하다.

2019년 시작과 함께 세 가지 목표를 세웠다. 300권 독서, 유료 강연, 매일 글쓰기였다. 불가능해 보였지만 결과는 생각하지 않고 일단 시작했다. 혼자가 아니었기에 할 수 있다는 믿음도 가졌다. 35명의 동지가 저마다의 목표를 이루기 위해 함께했다. 우리는 시작 전에 목표 달성 시 한 가지 보상을 걸었다. 어느 나라이든 각자가 원하는 곳을 원하는 만큼 여행하는 것이었다. 보상만으로도 설레는 도전이었다. 그렇게 365일을 각자의 목표를 향해 반복했다. 마지막까지 남은 30여 명은 저마다 세운 목표를 달성했다. 나도 물론 세 가지 목표를 해냈다. 몇몇은 뜻을 모아 산티아고 순례길을 걷기로 했다. 나도 같은 곳을 가고 싶었다. 당시에는 직장을 다녔고, 열흘 동안 휴가 내는 게 불가능했다. 그렇다고 보상을 안 줄 수는 없었다. 아내와 상의 후 제주도 4박 5일을 허락받았다. 둘레길 3개 코스를 걷는 시간은 1년간 노력에 대한 보상으로 충분했다.

2019년 세운 목표를 달성하는 과정은 인생의 전환점이었다. 목표를 이루기 위해서 과거의 나를 뜯어고쳐야 했다. 300권을 읽기 위해서 한 달 25권을 읽어야 했다. 하루 한 권꼴이니 습관처럼 책을 읽어야 했다. 덕분에 책 읽는 습관을 지금도 이어오고 있다. 또 매일 글을 쓰는 것도 마찬가지다. 읽는 것과 달리 쓰는 데도 매일 일정한 시간을 내 습관처럼 써야 했다. 글의 내용과 분량은 나중 문제이고, 일단 쓰는 습관을 갖는 데 집중했다. 노력 덕분에 여전히 매일 글을 쓰고 있다. 남들 앞에 서는 게 불편했던 내가 강연하기로 했다. 안 해봤다고 피할 수 없었다. 스피치 수업을 듣고 가족 앞에서 발표하며 연습했다. 덕분에 몇 번의 강연을 해낼 수 있었고, 강사를 직업으로 선택하게 되었다. 그때 만약 도전하지 않았다면 지금의 나는 없었을 것 같다. 무엇보다 말이 안 되는 도전을 해냈고, 그에 따른 보상을 해줌으로써 또 다른 도전을 이어갈 수 있었다.

대단한 목표에 그럴듯한 보상이 전부는 아니다. 보상이 비싸고 화려할 필요 없다. 6년째 매일 책을 읽고 있다. 1년에 목표하는 권수를 정해 놓는다. 정한 권수를 읽어내기 위해 수시로 보상을 활용해왔다. 혼자 있는 시간, 케이크 한 조각, 영화 한 편 보기, 반차 내고 놀러 가기 등. 내가 나에게 줄 수 있는 것이면 충분하다. 많은 돈이 드는 것도 아니다. 몇 박 며칠 휴가를 낼 이유도 없다. 노력한 자신에게 당장 해줄 수 있는 거면 충분하다. 어떤 것이든 제때 적절한 보상을 받으면 목표를 이어갈 힘을 얻게 된다. 보상을 주는 가장 큰 이유는 해낸 것에 대한 축하도 있지만, 해낼 것에 대한 격려의 의미가 더 크다. 소소한 보상이 지난 6년 동안 지치지 않고 지속해 온 가장 큰 원동력이었다.

요즘도 매일 글을 쓴다. 출근 전 정해진 시간 안에 A4 한 페이지 분량을 쓴다. 시간 안에 쓰면 다행이지만 그렇지 않을 땐 틈틈이 써 완성하려고 한다. 어떻게든 한 편을 완성하겠다는 마음가짐이 매일 글 쓰는 원동력이다. 그런 각오로 써낸 글에 더 애착이 가는 건 당연하다. 또 스스로 정한 규칙을 지켜냄으로써 성취감과 자신감은 덤이다. 어쩌면 한 편의 글을 써내는 게 나에게 줄 수 있는 또 다른 형태의 보상인 것이다. 자연스러운 선순환이다. 글을 쓰기 위해 책을 읽고, 책을 읽으면서 글감을 생각하고, 글을 쓰면서 생각을 정리하고, 말하고 싶은 걸 글로 옮겨 적는 과정이 결국 나를 성장시키는 과정이다. 개인의 성장을 눈에 보이는 수치로 평가할 수 없다. 물건처럼 완성된 형태가 있는 것도 아니다. 어쩌면 사는 동안 끊임없이 스스로 갈고 닦는 게 필요하다. 그러니 내가 해내고자 하는 행위에서 의미를 발견하고 보상을 받을 수 있다면 그 자체로 멈춤 없이 이어가는 힘이라 생각한다.

내가 나를 아끼는 방법에 무엇이 있을까? 노력에 대한 적절한 보상도 꼭 필요하다. 여러 형태의 보상도 결국 좋은 습관을 갖기 위해서이다. 좋은 습관을 만들면 이전과 다른 삶을 살 수 있다. 시간 관리, 독서, 글쓰기, 운동 등은 삶을 풍요롭게 해주는 습관이다. 반대로 잦은 술자리, 흡

연, 폭식 등은 일상을 좀먹는 습관이다. 어떤 습관을 갖느냐에 따라 자신을 아끼고 더 나은 인생을 살 수 있다. 내가 300권을 읽어내고 매일 글을 써내고 사람 앞에서 강연하는 것도 결국, 좋은 습관으로 이어졌기에 해낼 수 있었다. 원하는 습관을 갖는 게 내가 나를 아끼는 가장 좋은 방법이라고 생각한다. 그러한 습관을 갖는 데 보상만큼 좋은 도구도 없을 것이다.

경기는 계속된다,
다음 라운드를 준비하라

연기자로 남다른 인생을 살아온 배우 최민수. 그의 아들은 아버지의 영향을 받아서인지 대학을 포기하고 연기자의 길을 선택했다. 그는 기꺼이 아들의 의사를 존중했다. 일찍부터 자신의 길을 정하고 선택을 존중받는 그가 부럽기도 했다. 한편으로 내가 그 나이라면 같은 선택을 할 수 있었을까? 그와 같은 나이 때 나는 어떤 선택을 했었지? 그때 나는 무언가에 깊이 빠져본 적 있었나? 좋아하는 걸 위해 인생을 걸어볼 생각을 왜 못 했을까?

생각해보면 남들이 정한 틀 안에서 살아온 것 같다. 전공 안에서 직업을 선택하고, 직장 다니며 월급 받고 가정을 꾸리는 게 잘사는 거로 믿었다. 그때는 좋아하는 게 무엇인지 깊이 고민해보지 않았다. 고등학교 때부터 이미 진로를 정했기에 그 길이 맞는 줄 알았다. 대학에 다니면서 단 한 번도 의심하지 않았다. 의욕이 앞서 남들보다 이른 나이 사업에 뛰어들었지만 결국 섣부른 판단이었다. 20대의 4년 반이 연기처럼 사라져 버렸다. 그제야 다시 정신을 차렸고 새로운 선택을 할 수 있었지만 그러지 않았다. 당장 먹고살 문제를 해결해야 했기 때문이다. 그래서 지인의 도움으로 새 직장을 얻었고 18년째 미리 그어놓은 선을 따라 앞만 보고 걸어가고 있다. 그나마 선을 벗어나지 않으려고 안간힘을 썼기에 가정을 꾸리고 살 수 있었다.

서른 살, 그때 만약 조금 다른 선택을 했다면 어땠을까? 조금 더 시간을 갖고 하고 싶은 일을 찾고 선택한 뒤 인생을 걸었다면? 선택을 믿고 바닥부터 시작하는 열정으로. 그랬다면 지금과 다른 인생을 살았을 수도 있다. 더 나은 삶일지, 정반대 인생일지는 아무도 모른다. 어쩌면 뜻대로 되지 않아서 선택을 후회하고 있을 수도 있다. 앞일은 알 수 없다는 걸 아는 최민수 씨는 아들에게 이렇게 말한다. "어떤 길을 선택해도 그 길은 결국 서로 닿게 되어 있다."라고. 지금 연기자를 선택하지 않아도 언제가 같은 고민을 다시 하게 된다는 의미이다. 서른 살의 나도 당장 먹고살기 위해 지금의 직업을 선택했다. 그렇게 18년이 흘렀고 결국 지금 그때의 고민을 다시 마주하고 있다. 그때와 지금의 차이라면 가장이 되었다는 것이다.

2018년, 양 갈래 길 앞에서 선택했다. 가장의 역할은 내려놓을 수 없었다. 좋아하고 해보고 싶은 게 있다면 가장의 무게를 견뎌야 했다. 고민하고 선택했다. 지금이 아니면 같은 실수를 반복할 것 같았다. 또 후회를 남기고 싶지 않았다. 적어도 지금부터는 다르게 살고 싶었다. 느려도 내가 하고 싶은 걸 하고 싶었다. 가정을 지키며 바닥부터 시작해야 했지만 나를 믿고 선택했다. 그렇게 6년이 흘렀다.

6년 전 버킷리스트에 교육자라고 적었다. 배움은 학교에만 있는 게 아니었다. 학교에서 배웠다고 원하는 삶을 사는 것도 아니었다. 저마다의 인생에서 더 나은 선택을 할 수 있는 배움의 기회를 가지길 바랐다. 나처럼 은퇴 이후를 준비하는 사람, 사회에 첫발을 내딛는 사람, 더 나은 직장과 직업을 찾는 사람, 가난으로 배움의 기회조차 얻지 못한 아이들까지. 방법을 모르고 기회가 없다고 생각하는 이들을 돕고 싶었다. 그런 의미에서 '다꿈스쿨'의 청울림 대표를 롤모델로 삼았다. 그분이 만든 학교, 교육철학, 영향력을 닮고 싶었다. 나도 같은 의미의 학교를 만들고 싶었다. 과정은 조금 다르지만 지향하는 목적은 같다. 더 많은 사람이 더 나은 선택을 할 기회를 얻게 하고 싶다. 스스로 배우고 깨달으면서 지금과 다른 삶을 선택할 힘을 갖게 해주고 싶다. 나도 그렇게 했다. 내가 했다면 누구나 할 수 있다고 믿는다. 아직 이렇다 할 모양을 갖추진 못했지만, 목적을 이루기 위해 매일 내가 할 수 있고 해야 하는 일을 하고 있다. 내가 바라는 학교를 만들기까지 얼마나 시간이 걸릴지 모르지만 좋아해서 선택한 이상 포기하고 싶지 않다.

직장을 다니면서 두세 가지 일을 하는 게 만만치 않다. 남들보다 늦고 이렇다 할 성과는 없어도 믿음이 흔들린 적은 없다. 내 존재의 가치는 시간이 지날수록 더 영향력을 가질 거로 믿는다. 그러니 조급할 필요도, 포기할 이유도 없다. 내 선택을 믿고 더 큰 가치를 좇으면 된다. 제임스 캐머런 감독은 "실패에서 배우는 것도 필요하지만 성공을 지향하라"라고 했다. 그런 태도가 오히려 지속할 힘을 갖게 한다고 말했다. 그가 아바타를 만들기 위해 십수 년을 이어온 힘이기도 했다. 누구나 배움의 기회를 얻는 게 내가 바라는 성공이다. 그러기 위해 실패도 경험할 것이다. 좌절도 겪을 것이다. 그 모든 과정은 내가 원했고 내 선택이다. 하고 싶은 일, 좋아하는 일을 할 수 있다는 게 이런 느낌이라는 걸 알아간다. 나를 믿으면 앞이 보이지 않는 길도 기꺼이 걸을 수 있다. 내 선택을 믿으면 모퉁이 돌아 무엇이 있는지 의심하지 않을 수 있다. 마흔여덟, 나는 좋아하는 걸 하며 하고 싶은 일을 위해 하루를 살고 있다.

다시 시작할 수 있는 힘

거실에는 세 모녀가 TV를 향해 나란히 앉아 있다. 주방에는 김치찌개가 끓고 있다. 가방을 내려놓고 옷을 갈아입었다. 거실과 방을 가득 채운 김치찌개 냄새가 식욕을 당긴다. 2학기 일정을 마친 아내가 일찍 퇴근해 저녁을 준비했다. 있는 반찬을 꺼내 접시에 담는 동안 아내는 달걀말이를 부친다. 주먹밥 말 때 넣는 말린 조미 수프 한 숟가락과 달걀 4개를 풀었다. 열이 오른 프라이팬에 다 붓고 두어 번 말아 준 뒤 약한 불로 익힌다. 익기를 기다리는 동안 밥과 국을 담아내고 덜어놓은 반찬을 식탁에 차린다. 전날 장모님이 보내주신 김치를 담아내고 노릇하게 익은 달걀말이를 한 입 두께로 썰어 담았다. 숟가락과 젓가락이 제 주인을 찾으면 비로소 네 식구가 식탁에 둘러앉는다.

다음 주 공연할 뮤지컬 준비가 불만인 큰딸의 넋두리, 여전히 태권도장이 재미있는 둘째. 네 명의 손은 분주하게 식탁 위를 오가고, 네 입은 부지런히 씹으며 틈틈이 제 할 말을 이어갔다. 중학생이어도 여전히 밥을 흘리는 큰딸, 어설픈 젓가락질로 옷소매에 음식을 묻히는 둘째. 언니가 한마디 하면 질세라 되받아치는 동생. 이것저것 골고루 먹으라고 반찬을 덜어 밥그릇에 담아주는 아내. 이런 모습을 가만히 보고 있으면 언제 이렇게 변했나 싶었다. 하루 한 끼 먹는 밥상에서 내 눈치만 봤던 가족은 어느새 대화와 웃음이 자연스러워졌다.

두 딸이 클수록 고민도 함께 자랐다. 뜻대로 풀리지 않는 일 때문에 자신감은 바닥이었다. 월급으로 한 달을 버틸 뿐 미래를 준비할 수 없었다. 다들 비슷하게 산다고 말하지만 내 눈에는 안 그래 보였다. 살다 보면 어떻게든 되겠지 싶었다. 내 시간과 능력을 담보로 월급을 받는 삶이 현재 내가 할 수 있는 최선이었다. 내 의지대로 산다기보다 살기 위해 의지를 다져야 하는 순서가 뒤바뀐 삶이었다. 그러니 매사가 똑바로 보일 리 없었다. 불만만 쌓였다. 직장과 가정 그리고 나에게. 불만은 화가 되어 결국 아이들을 화풀이 대상으로 삼았던 것 같다. 밥상에 둘러앉으면 화를 푸는 시간이었다. 밥을 흘리는 큰딸을 쏘아붙이고, 음식을 묻히는 둘째에게 쓴말을 내뱉었다. 그런다고 화가 풀리는 게 아니었다. 오히려 뱉어낼수록 감정만 격해졌다. 그때는 먹기 위해 밥상을 차리는 게 아니라 두 딸을 혼내기 위해 밥상을 차렸던 건 아닐까 싶다. 한창 잘못하고 있다는 걸 뒤늦게 알았고 달라지기로 했다.

달라지는 데 특별한 게 필요하지 않았다. 그저 넉넉한 마음만 있으면 충분했다. 넉넉한 마음도 어려운 건 아니었다. 생각만 조금 바꾸면 가능했다. 아이를 있는 그대로 바라보는 태도였다. 태도를 선택하고 선택한 대로 행동했다. 살가운 아빠가 되기에는 아직 부족하지만 늘 미소를 잃지 않으려고 노력 중이다. 밥상에서 한 번이라도 더 눈을 맞추려고 한다. 아이들은 내가 던진 질문 하나에도 물이 쏟아지듯 말이 많아졌다. 그런 모습을 가만히 보고만 있어도 감사하다. 이전의 기억을 지웠는지 잊었는지는 모르지만, 같이 먹는 그 순간 대화하고 웃는 모습에 한편으로 미안한 마음도 든다. 더 늦기 전에 달라질 수 있어서 더 다행이었다.

행복을 위해 대단한 무언가가 필요하다고 생각했던 때가 있었다. 화가 많고 일이 잘 풀리지 않았을 때였다. 그때는 외부에서 행복을 찾으려고 했다. 내 일이 잘 풀리고 월급을 많이 받고 좋은 걸 해줄 수 있는 부모가 되면 행복도 찾아올 거로 믿었다. 그러니 일이 안 풀리면 당연히 행복을 누릴 자격도 없다고 여겼다. 잘못 생각했었다. 행복은 내 마음에 달렸다. 여전히 직장을 다니고 시간에 쫓겨 살아도 지금은 행복하다. 저녁 한 끼 먹기 위해 가족과 둘러앉고, 늘 먹던 반찬이어도 그 순간은 다시 오지 않는다. 특별한 일이 없고 그저 반복되는 일상이어도 대화하며 마주 볼 수 있는 게 즐겁고 그게 행복이다. 들어주고 말하고 맞장구쳐주고 웃어주는 것만으로도 행복이다. 어렵지 않기에 더 지키고 싶다. 어려운 게 아니라는 걸 알 수 있어서 다행이다. 내 선택대로 행동할 수 있어서 다행이다. 내 의지대로 선택한 행복을 지키며 살고 싶다.

고통과 불행을 먼저 경험해보면 행복이 그리 대단한 게 아니라는 걸 느끼게 된다. 행복을 느끼기 위해 굳이 고통과 불행을 먼저 경험할 필요는 더더욱 없다. 무엇보다 자신의 마음을 들여다보고 어떤 선택을할지 알아야 할 것이다. 행복을 알아채는 건 선택에 따른다고 생각한다. 행복은 일종의 감정이라고 했다. 감정은 내가 선택하기 나름이다. 아무리 고통스러운 순간에도 행복을 선택하면 행복을 느낄 수 있다. 물론 쉽지 않다. 하지만 노력할 가치는 충분하다. 왜냐하면, 고통과 불행을 먼저 경험한 뒤 행복을 찾는다면 멀리 있는 길을 돌아가거나 어쩌면 원하는 곳에 닿지 못할 수도 있을 테니 말이다.

행복을 선택하기로 했다

행복은 정의하기 나름이다. 서울역 노숙자도, 은퇴를 앞둔 직장인도, 취업을 준비하는 무직자도 행복할 수 있다. 반대도 마찬가지다. 노숙자도 은퇴자도 무직자도 마음먹기에 따라 불행할 수도 있다. 알면서도 잘 되지 않는 게 행복을 인정하는 태도인 것 같다. 행복과 불행이 동전 던지기로 정해지는 거라면 오히려 쉬울 수 있다. 그렇지 않기에 행복을 갈망하고 불행에서 벗어나려고 안간힘을 쓰는 게 아닐까.

나는 지금이 좋고 앞으로가 더 기대된다. 늦었다고 생각하지 않는다.

지난 시간은 그 나름의 의미가 있었다. 그 시간이 있었기에 지금이 행복하다는 걸 받아들이게 되었다. 물론 그때도 행복은 있었다. 아르바이트로 번 돈으로 잘 먹고 잘 입고 다녔다. 하는 일이 불안해도 삼겹살에 소주 한잔 마시는 그 순간이 좋았다. 반려자를 만나고 꼬물대는 아이가 눈앞에 있을 땐 무엇과 바꿀 수 없는 감동이었다. 하지만 유난히 행복을 느끼지 못했던 곳이 있었다. 일이 그랬다.

서른 살에 제대로 된 직장을 가졌다. 전공과 달랐지만 다른 대안이 없었다. 그렇다고 전공이 적성에 맞는지 확신하지 못했다. 하고 싶은 일이 있었다면 모를까 그때는 생계가 먼저였다. 그렇게 시작하는 게 어떤 결과를 낳을지 짐작할 수 없었다. 누구도 짐작할 수 없는 게 맞는 말일 테다. 결과보다 당장 월급이 중요했다. 그래야 빚도 갚고 학교도 다니고 가정을 꾸릴 수 있었다. 그런 상황에서 하고 싶은 일 좋아하는 일을 고른다는 건 없어도 그만인 사치품과 같았다. 애착이 없었다. 전공과 다르다고 선을 그어놓으니, 마치 내 일이 아닌 것 같았다. 언제든 전공으로 다시 돌아가겠다는 막연한 기대를 갖고 있었다. 중력이 작용하는 모든 물체는 땅으로 떨어지기 마련이다. 어쩌면 일과 나 사이에는 무중력이 존재했던 것 같다. 늘 거리를 두고 내 일이 아닌 듯 바라만 봤다. 그러니 일을 잘한다는 말도, 더 나은 직장으로 옮길 역량도 갖지 못한 채 언제든 떠날 준비만 했던 게 아닐까 싶다. 그 결과가 아홉 번 이직이었다.

서른 살에 시작한 지금 일을 18년째 이어오고 있다. 그중 13년을 겉돌았다. 아니, 여전히 같은 일을 하면서 겉돌고 있기는 마찬가지다. 30대에 나는 애착이 없어서 일을 잘하고 싶지 않았다. 40대가 되고는 이제 와 일을 배워 뭐 하겠냐고 생각했다. 이래저래 핑계만 대고 일을 일답게 대하지 않았다. 그러니 늘 같은 실수를 반복했고 여전히 시키는 일만 하고 있다. 마흔셋, 언제까지 이 일을 할 수 있을지 의문이 들었다. 일찍이 의문이 들었다면 좋았을 것을. 그때라도 나에게 질문을 해서 다행이다. 그때 질문을 시작한 덕분에 마흔여덟의 나는 일과 함께 내가 좋아하고 하고 싶은 일을 함께해내고 있다. 그래서 행복하다.

서른 살의 나와 마흔여덟의 나는 똑같은 24시간을 살고 있다. 여전히 같은 업계에서 같은 일을 하고 있다. 딱 하나 다른 것은 책을 읽고 글을 쓴다는 것이다. 직장을 다니며 두 가지를 한다는 게 누군가는 엄두가 안 난다고 할 수 있다. 결과만 말하면 안 해봐서 그런 것 같다. 나도 해보기 전에는 같은 생각이었다. 그러나 두 번 생각 안 하고 시작했고 하다 보니

6년째 매일 읽고 쓰기를 반복해오고 있다. 단지 읽고 쓴다고 행복하다고 말하는 건 아니다. 앞에도 적었듯 읽고 쓰는 게 수많은 질문을 통해 얻은 답이기 때문이다. 지금 다니는 직장을 그만두었을 때 남은 인생을 책임져줄 직업으로 선택해서다. 돌이켜보면 직장은 다니고 있었지만 내 직업이라고 당당하게 내세우지는 못했다. 서른 살부터 직업으로서 당당했다면 아마 지금처럼 살지 않았을 수 있다. 내 일에 자부심을 품고 더 깊이 배우려고 했다면 다른 삶을 살았을 것 같다. 하지만 마흔셋부터 작가라는 직업을 선택했고 작가가 되기 위해 노력하는 나 자신이 대견하고 매일 반복을 통해 조금씩 가까워지고 있다. 지루한 반복이지만 내 일을 갖게 된다는 믿음이 나를 행복하게 한다. 이전에 느껴보지 못했던 감정이다.

내 또래 직장인이라면 같은 고민을 할 것 같다. 2, 30대도 다르지 않을 것이라 생각한다. 하고 싶은 일은 있지만 먹고사는 게 걸려 선뜻 못 하는 사람이 많다. 용기를 내서 박차고 나갈 수도 있다. 아니면 지금에 만족하고 그 안에 행복을 찾으려는 사람도 있다. 무엇이 옳다고 단정 지을 수 없다. 행복은 정의하기 나름이라고 했다. 새로운 일을 시작해서 행복할 것 같다면 그러면 된다. 용기를 내는 게 두렵다면 그 안에서 행복을 만끽하면 된다. 누구도 각자의 선택에 옳고 그름을 판단할 수 없다. 나도 지금이 만족스럽고 행복한 건 스스로 선택했기 때문이다. 누구의 눈치도 안 보고 오롯이 내가 원해서 이 길에 들어섰다. 그래서 지금의 나는 행복하다. 직장을 다니며 여러 일을 시도하고 해내고 있지만 내 선택이기에 지금껏 해올 수 있었다. 마찬가지로 앞으로도 해낼 것이고. 그래서 나는 지금도 좋고 앞으로의 나도 기대된다. 지난 시간의 내가 있었기에 지금의 내가 존재한다는 걸 잊지 않으면서 말이다.

아홉 번 이직으로 깨달은 한 가지

질문 속에 답이 있다

유혹에 흔들리지 않는 나이가 40대이다. 반대로 유혹에 흔들리는 나이가 40대이기도 하다. 시시때때로 위협받는 직장 내 자리, 점점 멀어지는 자녀와의 관계, 애정 대신 의리로 사는 부부 사이. 어느 때보다 단단해져야 할 시기이지만 주변은 자신을 가만히 두질 않는다. 어쩌면 주변이 아닌 스스로 중심을 못 잡고 흔들리는 이들이 더 많다고 생각한다. 인생 전환기를 앞둔 만큼 자신을 다시 돌아보고 스스로 중심을 잡아야 할 때이다.

자신을 다시 돌아보기 위해 질문을 했으면 한다. 직장, 가정, 감정, 미래, 직업 등에 대해 다양한 질문을 자신에게 해보는 거다. 질문을 통해 필요한 답을 찾을 수도, 몰랐던 자신을 발견할 수도 있을 테니 말이다. 하지만 정작 어떤 질문을 던져야 할지 모르는 이들이 많다. 나도 마흔이 될 때까지 질문할 줄 몰랐다. 답을 찾으려고만 했지, 어떤 질문을 해야 할지 몰랐었다. 원하는 답은 올바른 질문에서 시작된다고 했다. 혼자 있는 시간을 만들어 종이에 적어 보면 좋겠다. 적다 보면 분명 필요한 질문을 발견할 수 있다.

평생직장은 옛말이다. 다양한 직업과 직장을 경험하면서 하고 싶은 일을 찾아가는 게 필요한 요즘이다. 40대에게 낯선 것일 수 있다. IMF의 영향으로 졸업은 물론 취업난을 겪으며 어렵게 직장을 구했던 게 40대이다. 그러니 직장을 옮기는 게 생각만큼 쉽지 않다. 어떻게든 다니던 직장에서 버텨내는 게 자신은 물론 가정을 지키는 것이다. 하지만 직장은 자신을 지켜주지 않는다. 이른 퇴직을 감당해야 할 때가 40대이기도 하다. 그러니 일찍부터 은퇴 준비하는 게 당연해지는 요즘이다. 이제는 직장보다 직업을 가져야 할 때이다. 지금까지 해온 일에 전문성을 더해 직업인이 되는 것도 한 방법이다. 아니면 적성을 발견해 자영업이나 사업을 하는 것도 선택지이다. 중요한 건 자기 안에서 이전과 다른 무언가를 발견해야 한다는 것이다.

내가 정말 좋아하는 건 무엇일까?

나는 무엇을 할 때 가슴이 뛰었나?

이 일을 선택하면 후회하지 않을까?

더 가치 있는 일은 무엇일까?

하고 싶은 일인가, 할 수 있는 일인가?

직장에서 설 자리가 줄어들 듯 가정에서도 소통 기회가 줄어든다. 자녀들은 클수록 자기만의 세계를 만들어 간다. 일찍부터 대화하고 공감했다면 소통에 문제가 적을 것이다. 하지만 아이들이 커갈수록 부모는 일에 치인다. 그래야 가정을 지킬 수 있으니까. 어쩌면 그로 인해 가족 간의 소통이 희생당한다고 할 수 있다. 물론 다 그렇다는 건 아니지만, 많은 가정이 소통의 문제를 갖고 있다. 자녀는 물론 부부 사이에도 여러 복잡한 문제가 생긴다. 자녀 교육, 살림, 부모 부양, 은퇴 준비 등 끊이지 않는다. 문제가 있다면 똑바로 보는 것부터 시작해야 한다. 이때도 필요한 게 질문이다.

아이의 꿈이 내가 원하는 것인가, 아이가 원하는 것인가?

아이의 말에 귀 기울이고 있나?

나도 틀릴 수 있지 않을까?

우리에게 무슨 일이 있었던 걸까?

회복을 위해 내가 할 수 있는 게 무엇인가?

직장과 가정에서 감정을 조절하지 못해 자주 부딪히는 게 40대인 것 같다. 각자의 생활 방식과 가치관이 충돌하면 인정하고 수용하면 좋겠지만 나이 탓에 쉽지 않다. 그러니 내가 보는 타인의 행동과 말투에 불만이 쌓이기도 한다. 내 생각 내 기준이 옳으니 따르라는 식의 태도를 보이기도 한다. 여의찮으면 불편한 감정을 드러내기도 하면서 말이다. 옳은 걸 옳다고 말하는 주관도 필요하지만, 타인의 말을 받아들이는 유연함도 필요하다. 그래야 사람을 주변에 둘 수 있기 때문이다. 그러기 위해 감정에 솔직해질 필요가 있다. 내가 지금 어떤 상태인지 질문을 통해 이해하는 과정이 필요하다.

나는 어떤 것들에 화가 날까?

주변 사람을 불편하게 하는 내 감정, 태도는 무엇인가?

내 감정에 솔직해져 본 적 있나?

왜 상대방의 감정을 이해하지 못하는가?

"인생은 자전거를 타는 것과 같다. 균형을 잡으려면 움직여야 한다." 아인슈타인의 말이다. 40대는 균형이 필요한 시기라고 생각한다. 균형을 잡기 위해, 움직이기 위해, 먼저 내가 누구인지부터 알아야 한다. 나를 아는 방법은 질문하는 것이다. 질문으로 얻는 답을 통해 균형을 바로잡을 수 있다. 혼자 타던 자전거에서 지금은 뒤에 가족을 태우고 있다. 자칫 넘어지면 혼자 다치지 않는다. 그러니 더 균형을 잡아야 하는 이유이기도 하다. 질문은 불편하고 어렵다. 하지만 그만큼 중요하다. 올바른 질문과 답을 찾음으로써 균형 잡힌 인생을 살 수 있다면 당연히 해야 한다. 질문하고 답을 찾으면서 스스로 중심을 잡아갈 수 있다. 어떤 유혹에도 흔들리지 않을 자신을 만들려면 나를 흔드는 게 무엇인지부터 알아야 한다. 이 또한 질문을 통해 알 수 있다. 인생 전환기에 서 있는 40대라면 누구보다 유연해야 한다. 나를 알고 상대를 알면 부러지지 않는 태도를 보일 수 있다. 중심을 잡고 서서 균형을 맞추는 데 꼭 필요한 질문을 가까이할 수 있었으면 한다.

에필로그

과거도 미래도 아닌 '지금'을 산다

걸으면서 음악을 듣는다고? 그게 가능해? 상상도 못 했던 일이 현실이 되었다. 카세트, 전축을 이용해 집이나 매장에서만 듣던 음악이 워크맨의 등장으로 어디서든 자유롭게 들을 수 있게 되었다. 이는 스티브 잡스의 아이팟 같은 혁신이었다. 소니, 파나소닉, 아이오와로 대표 되는 일본 브랜드가 시장을 선점했다. 유행에 민감한 한두 명은 꼭 갖고 있었다. 나도 갖고 싶었다. 하지만 부모님이 사줄 형편이 아니었다. 그래서 나는 돈의 노예가 되기로 했다. 학교 근처 달력 공장에서 시급 2,500원에 4시간씩 일했다. 30만 원을 모을 때까지 연장 근무도 불사했다. 다 모으기까지 두 달 걸렸다. 모은 돈을 들고 용산 전자 상가를 찾았다. 같은 층을 몇 바퀴 돌고 몇 번의 흥정 끝에 20만 원에 아이오와 워크맨을 품에 안았다.

애지중지 다뤘다. 어디 긁히기라도 할까 항상 전용 상자에 넣었다. 이어폰은 꼬이지 않게 반듯하게 말아 놓았다. 듣지 않을 땐 서랍 안쪽에 보관했다. 그때부터 음악의 노예가 되었다. 하루 중 등하교 시간 동안 워크맨으로 음악을 듣는 재미에 빠졌다. 그때는 세계적으로 헤비메탈 음악의 부흥기였다. 메탈리카, 메가데스, 판테라, 오지오스본, 딥퍼플 등 다양한 그룹이 활발하게 활동했다. 나는 메탈리카를 추종했다. 당시 발매된 앨범을 거의 다 샀다. 집과 학교로 오가는 버스 안에서 매일 앨범을 바꿔가며 전곡을 들었다. 퍼스트와 세컨드 기타, 베이스와 드럼이 만들어 내는 현란한 음악을 들으면 들을수록 숭배하게 되었다. 지루하지 않았다. 음악에 빠져들수록 그들의 공연을 직접 보고 싶었다. 그때는 내한 공연이 아니면 볼 방법이 없었다. 지금처럼 유튜브만 열면 언제든 볼 수 있는 건 상상할 수 없었다. 대학에 가고 군대를 다녀오는 사이 헤비메탈 음악은 관심에서 멀어졌다. 내한 공연을 꿈꿨지만 꿈으로 끝났다.

간절히 바라면 이루어진다고 했다. 2006년 서른 살에 꿈이 이루어졌다. 열여덟 살에 열광했던 그들을 13년 만에 공연장에서 만나게 되었다. 잠실 주경기장에 4만 명 넘게 운집했다. 8월의 저녁은 기온이 30도가 넘었지만, 사람들의 열기를 넘지는 못했다. 한 곡 한 곡 연주할 때마다 좀비라도 된 듯 넋을 놓고 따라 불렀다. 그들은 여전히 건재했다. 대중에게 받은 사랑 때문에 그들이 존재한다고 했다. 그들은 팬에게 보답하는 마음을 음악에 담아 표현했다. 그러니 멤버 각자가 끊임없이 단련하고 성장을 멈추지 않았다. 그들의 태도에 매료될 수밖에 없었다. 그들의 노예라고 해도 좋았다.

누구나 살면서 무언가에 열광했던 기억 하나쯤 있다. 세상을 놀라게 했던 워크맨을 갖기 위해 돈의 노예를 자처했다. 워크맨을 통해 듣는 헤비메탈을 추앙하게 되었다. 메탈리카를 잊고 살았던 서른의 나에게 하늘은 기회를 주었다. 그들의 공연을 직접 보면서 열여덟 살로 돌아갔었다. 만약 그때의 열정을 지키며 이제까지 살아왔다면 어땠을까? 직장을 구할 때, 새로운 회사에 적응할 때, 업무 역량과 실력을 키우기 위해 열정을 다했을 것이다. 하지만 열정과 반대로 살았다. 아홉 번 이직하는 동안 열정은 사라지고 없었다. 월급만 좇고 직장을 벗어나지 못하는 직장 노예만 남았다. 생각 대신 시키는 일만 했고, 그마저도 잘 해내지 못했다. 그렇게 허송세월하고 가망이 없었던 나도 책을 읽으면서 달라지기 시작했다. 지난 6년 동안 하고 싶은 일을 찾고 시도하고 실패하고 다시 도전하는 과정을 이어오고 있다. 이 과정을 거치면서 깨달은 세 가지가 있다.

하나는 '지금'의 가치이다. 내가 바꿀 수 있는 건 과거도 미래도 아닌 이 순간뿐이다. 이 순간 내가 무엇을 하느냐에 따라 나의 과거도 미래도 바뀔 수 있다. 다른 하나는 일단 시도하는 '도전정신'이다. 나이 때문에, 바빠서, 이것만 해놓고, 순서를 정해 놓으면 하고 싶은 일을 할 기회는 영영 오지 않을 수도 있다. 결과가 어떨지는 시도해봐야 알 수 있다. 아무것도 안 하면 아무 일도 일어나지 않는다. 대단한 결과가 없더라도 시도했다는 것 자체에 의미를 둔다면 또 다른 더 큰 도전이 더 쉬워질 수 있다. 마지막 하나는 꾸준함이다. 어떤 일을 시작하고 성과가 나기까지 시간이 걸리는 법이다. 누구는 그 시간을 견디고 원하는 성과를 손에 넣고, 누구는 핑계를 대며 결국 포기한다. 바라는 성과를 얻기까지 시간이 얼마나 걸릴지 아무도 모른다. 그래도 변하지 않는 진리는 있다. 일주일에 한 시간 노력하는 사람과 매일 한 시간씩 노력하는 사람 중 누가 열매를 딸지는 정해져 있다. 결국, 꾸준히 해낸 사람만이 원하는 성과를 얻게 된다.

노예의 하루는 어제도 오늘도 내일도 똑같다. 주인이 시키는 일을 생각하지 않고 하면 된다. 시키는 일만 잘하면 평생 안락하게 살 수 있을 것 같지만, 그렇지도 않다. 주인의 뜻에 따라 언제 어느 곳으로 팔려 갈지 아무도 모른다. 자신의 운명을 아는 노예는 아무도 없다. 알 수도 없다. 내가 그렇게 살아왔다. 직장을 옮겨 다녔지만 스스로 생각할 줄 몰랐다. 어느 직장에서도 시키는 일만 했다. 원하는 일, 하고 싶은 일을 찾아보려고 하지 않았다. 월급 없이 버틸 용기가 없었다. 변화를 두려워했다. 변화하고 싶었지만, 용기 내지 않았다. 남은 평생 그렇게 살 줄 알았다.

그러다 우연히 책을 읽기 시작했다. 읽는 책이 쌓이면서 노예에서 벗어날 방법을 배웠다. '지금'을 사는 것이다. 지금을 잘 살면 어제에 후회가 안 남는다. 지금을 잘 살면 더 나은 내일을 기대할 수 있다. 지금을 살면서 다시 깨어난 한 가지가 있다. 열여덟 살에 메탈리카를 좋아했던 열정이다. 그때처럼 맹목적이지는 않지만, 하고 싶은 일을 위해 매일 4시간씩 노력해 오고 있다. 누가 시키지 않았다. 오롯이 나를 위한 노력이고 내 의지대로 만든 시간이다. 그 시간이 쌓일수록 나는 직장 노예에서 내 삶의 주인이 되어가는 중이다. 오늘도 읽고 쓰면서 말이다.